日常生活问题行为解决手册

［美］贝丝·奥纳（Beth Aune）/ 著
陈烽 / 译

图书在版编目（CIP）数据

日常生活问题行为解决手册/（美）贝丝·奥纳（Beth Aune）著；陈烽译. --北京：华夏出版社，2018.1（2025.9 重印）

书名原文：Behavior Solutions for the Home and Community: A Handy Reference Guide for Parents and Caregivers

ISBN 978-7-5080-9319-2

Ⅰ．①日… Ⅱ．①贝… ②陈… Ⅲ．①儿童教育—特殊教育—行为异常—问题解决(心理学)—手册 Ⅳ．①G76-62

中国版本图书馆 CIP 数据核字(2017)第 229026 号

Permission for this edition was arranged through Future Horizons.

©华夏出版社　未经许可，不得以任何方式使用本书全部及任何部分内容，违者必究。

北京市版权局著作权合同登记号：图字 01-2016-9543 号

日常生活问题行为解决手册

作　　者	〔美〕贝丝·奥纳
译　　者	陈　烽
责任编辑	刘　娲
出版发行	华夏出版社有限公司
经　　销	新华书店
印　　装	三河市万龙印装有限公司
版　　次	2018 年 1 月北京第 1 版 2025 年 9 月北京第 5 次印刷
开　　本	710×1000　1/16 开
印　　张	9.75
字　　数	87 千字
定　　价	39.00 元

华夏出版社有限公司　地址：北京市东直门外香河园北里 4 号
邮编：100028　网址：www.hxph.com.cn
电话：（010）64663331（转）

若发现本版图书有印装质量问题，请与我社营销中心联系调换。

献给韦恩·吉尔平（Wayne Gilpin）

致　谢

首先要感谢贝丝·伯特（Beth Burt）提议让我撰写问题行为解决手册这套书，你让我第一次意识到与家长合作是如此重要。

感谢本书编辑珍妮弗·吉尔平·亚辛奥（Jennifer Gilpin Yacio），谢谢你的耐心指导、信任鼓励。

最后，我要对那些和我一起合作的家长们表示真诚的感谢和由衷的敬意，谢谢你们愿意与我分享孩子们的故事，他们每一个人都是那么独特、那么可爱，我每一天都在见证着你们对他们无尽的爱。你们的责任心、洞察力和奉献精神时时感召着我、激励着我，能与你们一起并肩战斗，并且能帮到你们的孩子，我感到非常荣幸。

前　言

作为一名儿童作业治疗师，能与特殊儿童的家长一起合作、共同战斗，我感到非常荣幸。治疗师与家长之间的紧密合作，对于帮助孩子学习基本生活技能、参与家庭和社会活动，起到了至关重要的作用。

孤独症谱系障碍、感觉加工障碍、注意力缺陷多动障碍和其他发育障碍会给孩子的发展带来许多挑战，这些挑战是每个有特殊孩子的家庭都必须要面对和解决的。

这本手册有助于家长帮助孩子培养自理能力、改善问题行为、增强自信和自尊，同时也有利于改善亲子关系，促进家庭和谐。

在与孩子及家长的相处过程中，我发现他们急需帮助解决的问题主要集中在以下几个方面：自理能力、饮食问题、睡眠问题、公共场所行为规范，还有亲子关系和交友问题。

我曾经与贝丝·伯特、彼得·热纳罗（Peter Gennero）合著过两本书：《融合教室问题行为解决手册》和《融合学校问题行为解决手册》，主要为学校教师和教职员工提供问题行为解决方案。

《日常生活问题行为解决手册》这本书中所有的句式都是平铺直叙、直截了当的，比如"什么是问题行为？为什么会出现问题行为？我们该怎么办？"家长们比较喜欢这种写作风格，他们认为这对他们迅速高效地应对问题行为很有帮助。

家长和教育工作者们希望了解孩子们为什么会有这样那样的问题行为，比如情绪崩溃、反应过激、强迫倾向、社交退缩，还有逃避、做事欠条理、自理能力差等，他们非常愿意学习应对这些问题行为的方法并且乐意付诸实践。

我经常听到家长们说："给点实用的方法吧，我真的没有精力考虑太多"或者"我还有三个普通孩子，教育方案如果太复杂了，我实在没时间去贯彻实施"。

所以，作为问题行为解决手册系列中的第三本，这本书就来解决上述困难。

家长们如果对本书讨论的话题感兴趣，可以在附录里找到更多非常有用的资源。

本书旨在提供简单实用的方法，满足那些精疲力竭的家长的需求，希望他们能够从本书获益，以应对孩子日常生活中的问题行为。

这些方法经过无数家长的实践证明，都非常有效。这些年来，我与他们一起工作，一起努力，一起见证孩子的进步和成长，对此我感到非常自豪。

这本书，作为爱的见证，献给这些家长，献给这些特别的孩子们。他们给我带来挑战，也带来动力，使我更加努力成为一名更好的作业治疗师，一个更好的人。

目 录

第一部分 自理能力 ·· 1
 自己穿衣 ··· 3
 挑衣服 ··· 6
 系扣子、拉拉链 ··· 10
 系鞋带 ··· 12
 洗澡、淋浴 ··· 16
 理发、梳头 ··· 19
 刷牙 ··· 22
 剪指（趾）甲 ··· 25
 涂乳液和防晒霜 ··· 27
 如厕 ··· 30

第二部分　饮食问题……………………………… 33
　　口腔触觉敏感 ………………………………… 35
　　挑食 …………………………………………… 38
　　吃相邋遢 ……………………………………… 41
　　狼吞虎咽 ……………………………………… 45
　　使用餐具 ……………………………………… 48
　　安坐就餐 ……………………………………… 51
　　吃药 …………………………………………… 54

第三部分　睡眠问题……………………………… 57
　　起床 …………………………………………… 59
　　准时出门 ……………………………………… 62
　　入睡准备 ……………………………………… 65
　　睡眠障碍 ……………………………………… 68
　　独立睡觉 ……………………………………… 70

第四部分　社会生活……………………………… 75
　　买东西 ………………………………………… 77
　　逛商场 ………………………………………… 81
　　看电影 ………………………………………… 85

  去饭店 ·· 88

  休闲活动 ·· 91

  去医院 ·· 94

第五部分 亲朋好友 ································· 97

  家庭聚会 ·· 99

  节假日 ··· 102

  度假 ··· 106

  旅途 ··· 109

  宠物 ··· 112

  兄弟姐妹 ··· 115

  小伙伴 ··· 118

附录 A 安抚和唤醒活动 ····························· 121

附录 B 逆向串链训练穿衣示例 ······················ 127

附录 C 早上起床视觉提示示例 ······················ 133

附录 D 晚上睡觉视觉提示示例 ······················ 135

附录 E 精细动作训练趣味游戏 ······················ 137

术语表 ··· 139

作者简介 ··· 141

第一部分

自理能力

要帮孩子解决独立穿衣问题,这对家长来说是很有挑战的。

有些孩子有感觉加工障碍(Sensory Processing Disorder),在动作计划和排序方面有困难。他们可能无法制订动作计划,所以就没法执行穿衣这个任务,或者过度依赖家长的帮助。有些孩子,也许可以制订动作计划,但是无法将计划步骤排序,也就是说,他们不知道要完成穿衣这个任务需要先干什么后干什么。有些孩子想独立完成穿衣任务,也没有上述的排序困难,但是没有足够的力量,或者缺乏必要的动作技能,比如平衡能力、精细动作能力,而所有这些能力都是完成穿衣任务所必需的。

有些孩子能穿上衣服，但是因为感觉加工障碍，经常穿得上下颠倒、里外不分，或者七扭八歪的，这就是我们所说的感觉迟钝导致的。有些孩子能够掌握基本的穿衣技巧，但是不会扣纽扣、摁摁扣、拉拉链、系鞋带。有些孩子喜欢只穿内衣裤，或者干脆不穿衣服，也有一些孩子喜欢穿得里三层外三层的，或者喜欢穿紧身衣裤。许多有感觉加工障碍的孩子对衣服非常挑剔，他们可能对某种织物纤维敏感，也可能受不了衣服上的标签、接缝，甚至是某些布料的味道，这种现象被称为感觉过敏。有感觉过敏问题的孩子对穿衣服很抗拒，甚至一想到穿衣服就会大发脾气。还有一些孤独症谱系障碍的孩子，可能一直只穿某一风格的衣服，比如只穿蓝色的衣服，或者只穿上面有某个电视人物或卡通人物的衣服。有些孩子需要寻求感官刺激，他们精力旺盛，喜欢跑来跑去、上蹿下跳，不喜欢安静下来，也不喜欢穿衣服。

学习穿衣服是一项很重要的生活技能，但是，对孩子和家长来说，学会穿衣这个过程是很折磨人的。有些家长只好包办代替，因为这相对来说容易一些，可是这样做，只会让孩子更加依赖家长辅助，久而久之，产生"习得性无助"。或者，这种穿衣训练可能会引发家长和孩子之间的"战争"，以致大家一整天心情都不好。如果父母能理解穿衣服对于孩子来说确实是比较困难的，那么就可以制订训练计划来帮助他们，鼓励他们，提高积极性，增加成就感。

自己穿衣

和前面提到的感觉过敏的孩子相反,还有很多孩子是感觉迟钝。他们缺乏本体感,身体动作显得笨拙、不灵活,看起来精神涣散、没有条理、容易分神。这些孩子学习穿衣服的时候也很努力,但往往耗时太久,到最后不得不由家长代劳。还有一些孩子有注意力缺陷多动障碍,或者像前文提到的那样寻求感官刺激,所以总是上蹿下跳,没办法安静下来。这种情况下,就很容易出现亲子冲突,大家每天心情都不愉快,因为家里总是感觉乱作一团,每个人都急三火四的。

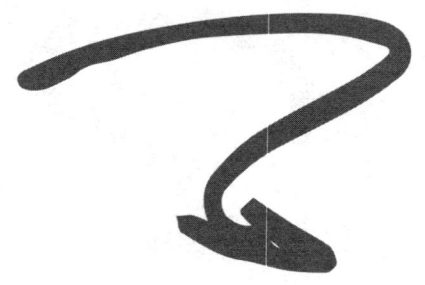

对　策

- 首先，早上要多预留出一点儿时间，这样孩子就有更多的机会自己动手，不会造成对家长的过度依赖。

- 其次，每天要做的事情要形成规律，便于大家执行和遵守，可以用可视化图表把这些任务标记出来，每完成一项，就在该项后面打对勾。

- 让孩子自己每天检查任务完成情况，减少他对口头提醒的依赖，慢慢提高他的独立性。

- 让孩子自己选出第二天要穿的衣服，提前摆好。

- 在他穿衣服的地方要尽量排除外界干扰，不要摆放玩具、电视和电脑等。

- 如果孩子有感觉迟钝的情况，那就需要先做个"唤醒身体"的活动（见附录 A），等她有感觉了再练习穿衣，提高动作技能。

♦ "安抚"活动（见附录 A）可以帮助孩子在穿衣训练前安静下来，更加专注。

♦ 培养孩子独立性的练习，最好安排在晚上或周末，这样的话，时间上不会太紧张。

♦ 使用逆向串链训练法（**backward chainning approach**，见附录 B）帮助孩子锻炼动作技能，减轻对家长的依赖，减少挫败感。

♦ 如果孩子在自理能力方面表现出比较严重的迟缓，可以寻求专业的儿童治疗师的帮助。

挑衣服

有些孩子在某些感觉方面非常敏感,这种现象称为感觉过敏,他们对感觉输入会有过度反应,甚至可能会因此情绪失控。由于触觉和嗅觉极其敏感,所以在穿衣服的时候,他们可能会感到不适、疼痛,甚至难以忍受。有些新衣服有一种味道,普通人甚至觉察不到这种味道,但是对于这些孩子来说,可能是无法容忍的。衣服的标签、接缝、腰带、鞋带,还有衣服的纤维质地,都会对他们造成刺激。因此,他们可能会发脾气、会哭闹、只穿某件衣服或者某几件衣服,或者只穿内衣,甚至干脆什么都不穿。除了感觉过敏之外,有些孩子还会在挑选衣服方面表现得极为刻板,比如只穿某一件衣服。

对于大多数孩子来说,这是出于他们对这个世界的安全感和秩序感的需要,因为他们常常无法像我们一样感受和预测来自外界和自己身体的各种刺激,他们的反应常常是混乱无序、令人困惑的,所以,我们要了解和理解感知觉障碍的问题,就要意识到:孩子感到非常不舒服,身体本身也不舒服,大脑对于这些感觉信号的接收和反馈都令他们不舒服,因此,他们才会出现很多问题行为,要应对这些问题行为,需要我们的爱心、耐心和恒心。

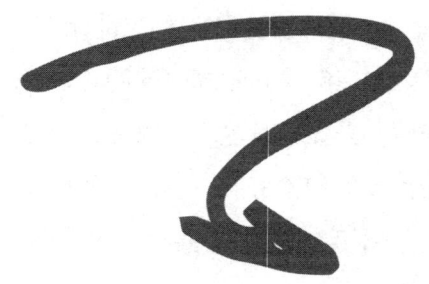

对 策

- 新买的衣服多洗几次再穿。

- 把衣服标签剪下来,另外,买衣服的时候注意别买接缝太多的衣服。

- 让孩子自己选择穿哪件衣服,注意观察总结规律:他喜欢什么样的质地、剪裁和款式。

- 不要什么都管,仔细想想,孩子只穿蓝色衣服真的有什么不好吗?

- 跳出来想一想,尝试一下挑战传统、打破常规,比如,穿校服睡觉也没什么不可以。好多孩子早上敏感度都要高一些,而晚上洗完澡之后就会好得多。

- 如果孩子试穿了不同的衣服,哪怕只穿了很短的时间,也一定要记得给他强化。
- 允许他在新衣服里套一件他喜欢的、感觉舒服的衣服。
- 把内衣和袜子里外反穿,这样就不会有织物接缝让他们不舒服。

系扣子、拉拉链

要完成系纽扣、摁摁扣、拉拉链这样的任务，需要具备运动规划能力、手部动作控制能力、双手配合能力、手部小肌肉协调能力，还有抗挫折能力。有发育障碍的孩子在这些方面或多或少都有困难。他们可能肌张力不够，关节力量不足，手指的感觉和协调能力也不足。要知道，精细动作的发展是建立在所有动作技能充分发展的基础上，而这些技能是否能够充分发展，与孩子的个体发育发展情况有关，与他是否愿意坚持练习也有关。有些孩子在辅助下经过练习可以学会，有些孩子可能需要更多的帮助和调整。

对　策

- 穿前面有扣或者拉链的衣服时，可以教孩子把衣服放在地上或者床上，正面朝上，先扣上几个扣子或者拉上一半拉链，然后像穿套头衫那样套着穿。

- 在拉链头上绑个小布条或者加个小拉环，这样拉拉链的时候会更方便用劲儿。

- 练习的时候最好是脱下来，而不是穿身上，这样方便他们观察，减少挫败感。

- 练习的时候还要注意，衣服摆放的方向要与孩子的方向一致，以免他分不清左右。

- 先从大一点的扣子练起，然后再系小扣子。

- 把裤子上的纽扣或者腰部的系绳去掉，用尼龙拉链代替，然后把扣子缝到口袋外面。

系鞋带

不亲身经历教孩子穿衣服这个过程，永远也想象不出那有多难。因为我们天天系鞋带，早已养成习惯，一切似乎都是下意识完成的，闭着眼睛都没问题。这个动作一气呵成，已经储存在我们的运动记忆中，现在要拆开分解成几步来教给孩子，这的确不容易。

这个时候，我们要记住，孩子们还没有掌握这些技能，他们可能有很多困难，比如注意力不能集中、不能规划动作步骤、双手无法协调、完成不了精细动作、无法协调视知觉功能等，难怪家长和孩子都会抓狂。但是，正如前一章所说，很多孩子最终都能学会，只是有些孩子需要多些练习。

对 策

- ♦ 试试"兔子耳朵"法,第一步稍微做下调整就行,因为第一步刚好就是兔子耳朵游戏,所以叫作"兔子耳朵"法。这个办法比较有效,用这个方法孩子不会抓不牢鞋带,也不用两手交叉。

  - 抓住鞋带,靠近鞋的两端,不是两头。

  - 把右手的鞋带从左手的鞋带下面穿过来(如果孩子是左撇子,就反过来),现在鞋带是"X"状交叉了。

  - 在鞋带上做一些标记,可以方便孩子对齐。

  - 左手(如果是左撇子,就用右手)按住"X"。

  - 告诉孩子,这只手保持不动,这样就不会把鞋带弄松,也不会让两手交叉了。

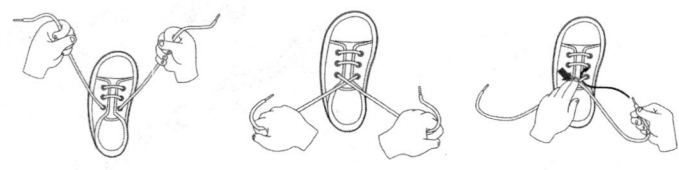

- 接下来,右手把右边那根鞋带从"X"的底下穿过去,再从后面的空里拉出来,然后往右边拉(如果是左撇子,就反过来),这样的话,胳膊就不用交叉。

- 重复上述步骤,这样鞋带第一个结就比较结实了。

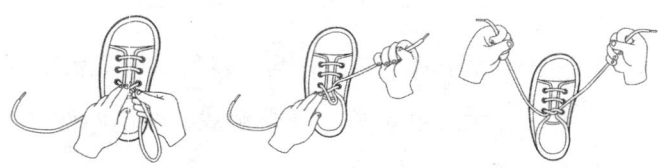

- 把鞋带弯出两个兔子耳朵形状,再交叉,用刚才保持不动那只手按住两只耳朵,把右边的耳朵从左边耳朵下边穿过去再穿出来,朝右手这边拉(如果是左撇子,就往左手这边拉)。

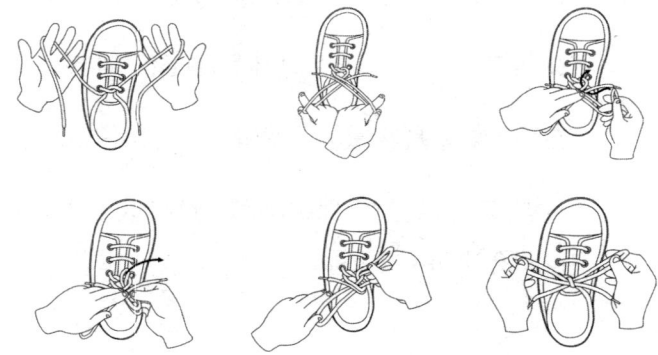

- 教孩子系鞋带的时候，要保证孩子学会第一步，再教第二步。

- 最开始的时候，可能需要家长先帮着做好前几步，让孩子按住"X"，把鞋带穿过去拉紧。

- 这个过程中，要把握好辅助的度，既不能太少以致孩子做不好产生强烈的挫败感，也不能太多以致他干脆让你包办了。

当然，除了系鞋带，还可以有其他选择：

◆ 如果孩子年龄适合，可以选择有魔术贴的鞋。

◆ 选择不用系带的鞋子，比如板鞋也可以。

◆ 花式鞋带，比如带固定扣的鞋带、弹力鞋带都比较容易操作，有利于孩子自理。

◆ 还有一些鞋带只是起装饰作用，其实也是一脚蹬，很方便孩子穿脱。

洗澡、淋浴

不同的孩子在洗澡、淋浴方面的困难各不相同。有些孩子很喜欢洗澡，喜欢在浴缸里泡着或者用花洒冲洗，以致待在浴室里很久也不肯出来。因为洗澡，晚上迟迟不睡或者早上耽误出发，就可能引发亲子冲突。还有一些孩子很害怕脸上有水的感觉，或者不喜欢仰头冲头发，不喜欢听水声，不喜欢身上有香皂，不喜欢看浴缸排水。这种反应在那些触觉敏感的孩子中很常见，还有一些前庭敏感的孩子，对头部活动很敏感，所以他们在头部后仰时会感到非常恐惧。寻求感官刺激的孩子可能喜欢在浴缸里折腾，弄得地上到处是水，还可能喜欢吮湿毛巾，甚至尝试吃香皂和洗发水。

对　策

- 规定好洗澡时间，帮助孩子养成习惯、形成规律。

- 无论是孩子待在浴室不出来或者是不肯去洗澡，都可以用"先……再……"这种句式来应对，比如："先洗澡，再……（他特别喜欢的活动）。"这样的话，孩子就比较容易按时洗澡，然后进行下一项活动。

- 用洗发水或者冲头发之前，戴个洗头帽，这样水就不会流到脸上。

- 冲头发的时候，让孩子试试向前低头，因为和向后仰头相比，向前低头对前庭敏感的孩子刺激要小一些。

- 如果孩子对流水声敏感，开水龙头的时候可以让他躲远一点。

- 对于寻求感官刺激的孩子或者有注意力缺陷多动障碍的孩子，洗澡之前让他做一些运动，洗澡时玩水的情况可能会有所好转。

- 浴室的灯光可以调暗一些，放一些舒缓的音乐，或者放一些香薰，可以让孩子安静下来，这种方法对寻求感官刺激的孩子和过度敏感的孩子也同样有效。

- 多试几种香皂和洗发水，找到孩子用着舒服、闻着也舒服的那种。

- 尽量让孩子自理，让孩子自己洗澡、洗头，这样的话，多动的孩子有事可干，敏感的孩子会感觉有所控制，对他们都有好处。

理发、梳头

理发对于感觉过敏和有孤独症谱系障碍的孩子来说是很困难的。头发茬儿粘在脖子上、脸上的感觉，剪刀和推子的声音，还有理发店里明亮得有些刺眼的荧光灯，对他们来说都是巨大的挑战。

有些孩子没办法接受他们外貌的变化，还有些孩子可能会觉得梳头让他们不舒服，甚至是疼得受不了。还有发胶，无论是感觉还是气味，可能都让他们觉得不好，所以，他们可能会尖叫、哭闹，或者紧紧抱着家长不撒手，或者干脆逃跑。有些孩子想自己梳头，但他们的能力达不到，家长帮助他们，可能会遭到拒绝或者引起冲突。

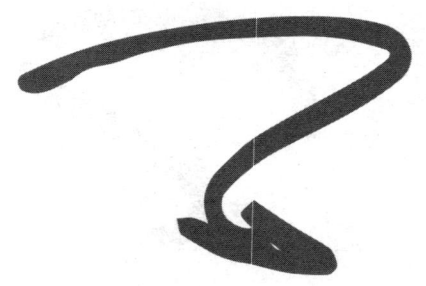

对 策

- 对过于敏感、焦虑的孩子来说,在理发之前,可能需要做一些活动让他们平静下来,如果不等孩子平静下来就给他们理发,很可能没法完成。

- 试试在浴缸里给孩子理发,通常来说,孩子在浴缸里会比较容易平静,对理发可能不那么抗拒。

- 先弄湿头发再剪,湿头发剪下来是成绺的,不会弄得全身都是,让孩子发痒。

- 如果孩子不习惯理发店里那种荧光灯,可以让他戴太阳镜。

- 如果孩子不喜欢剪刀和推子的声音，可以让他戴上耳机，放一些他喜欢的音乐，帮他分散一下注意力。

- 如果孩子对推子的声音和振动敏感，那就尽量避免用推子，改用剪刀。

- 给孩子梳头的时候，开始和结束时都可以数数或者唱歌，以便让他清楚地知道什么时候开始，什么时候结束。

- 试试让他帮你梳头发，然后你再帮他梳。

- 每次梳好以后，一定要给予强化或者奖励，让他有参与感、成就感。

刷 牙

很多家长都说，刷牙看似简单，但常常以战争告终。刷牙，既是日常生活技能，也是保持口腔卫生和牙齿健康的必要生活习惯。可是很多孩子一看到牙刷就逃跑或者哭闹，或者死活不张嘴，或者把嘴捂住。经常的情况是，家长们抱住、按住孩子，替他们刷完了事。

其实，对很多孩子来说，牙刷的痒痒的触感、气味、味道，还有牙膏的口感，都可能让他们非常不舒服甚至是痛苦。还有一些孩子，虽然可以接受牙刷，但是却会吃牙膏或者咬牙刷毛。有些孩子虽然没有上述感觉过敏的问题，但是手部协调能力不足，没办法完成刷牙这项活动。

对　策

- 教孩子刷牙之前，先试试下面这个游戏，缓解口腔敏感问题：先教孩子鼓气儿，把腮帮鼓起来，然后用手挤一下，弄出类似"扑唧"声，家长先来示范，然后再让孩子做。

- 多买几种牙刷试试，有些孩子喜欢电动牙刷，有些则需要手动牙刷。

- 选用没气味、没味道的牙膏。

- 有些孩子可能用不了牙膏，只能用牙刷和水，那就先不用牙膏，等他耐受性增加了，再慢慢地一点儿一点儿地加牙膏。

- 专门编一首刷牙歌,在刷牙的时候唱,这样有助于分散孩子的注意力,同时也让他清楚开始和结束的时间。

- 刷牙时遵循一定的规律:上右、上中、上左、下左、下中、下右,要一直保证牙刷在嘴里并且和牙齿接触,不要一会儿刷一会儿不刷。

- 孩子动作技能不足的时候,家长尽量避免手把手地教,可以拿着牙刷把手末端,或者托着他的前臂进行辅助,这样,可以锻炼他自己控制手部运动的能力。

剪指（趾）甲

孩子不愿意剪指（趾）甲，可能有很多原因。有些孩子是不喜欢指甲刀的声音，有些是不喜欢指甲刀压到手指或者脚趾，或者连接触的触感都不喜欢。剪指（趾）甲的时候，家长不可避免地要碰到孩子、把住孩子，对于有些孩子来说，如果他们无法预知这种状况要持续多久、接下来会发生什么，那就可能难以忍受。跟刷牙一样，家长如果强迫孩子剪指（趾）甲并因此造成不快或者引起冲突，那么无论家长还是孩子，对这件事都会产生焦虑。一旦孩子对于剪指（趾）甲有了不快经历和负面印象，那他以后肯定不愿意再剪。

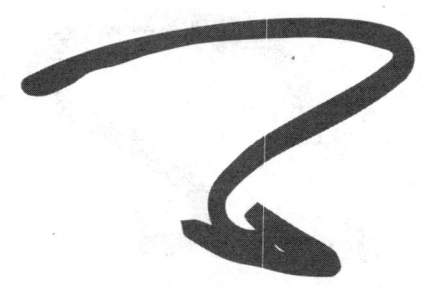

对　策

- 如果孩子听觉敏感，那就不要用指甲钳，可以用剪刀，这样不会有"咔嗒咔嗒"的声音。

- 趁孩子洗澡或者睡觉时剪，通常这种时候他们会比较平静。

- 趁手脚湿着的时候剪，声音可能会小一点儿。

- 剪的时候可以数数，从一数到十，这样孩子会觉得有规律可循，也知道什么时候可以结束。

- 有些孩子可能可以接受用指甲锉修理指甲。

- 教孩子自己使用剪刀或者指甲钳，可以帮家长剪，或者帮弟弟妹妹剪，掌握动作技能以后，就可以给自己剪了。

- 剪指甲的时候可以让孩子听歌、吃零食或者看动画片，分散注意力。

涂乳液和防晒霜

很多家长都意识到孩子有"触觉敏感"的问题，也就是说，孩子对某些类型的触觉极其敏感。一般来说，轻触往往会让孩子们比较敏感，因为比较痒，而压触相对来说比较舒服。擦乳液的过程中，孩子们可能会觉得黏糊糊的不舒服，可能会表现出焦虑，甚至是极端反应，比如踢打、尖叫、哭喊、逃跑。

除了触觉防御这个比较广为人知的原因之外，可能还有一些孩子对气味非常敏感，也会表现出情绪反应，这也是应该重视的。此外，在涂抹这些乳液时，皮肤感受到的温度变化也可能是一些孩子不能忍受的。乳液和皮肤的温差可能会让孩子不舒服，导致问题行为。

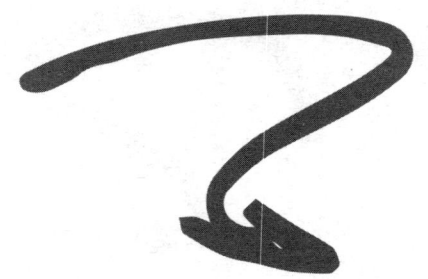

对 策

- 如果可以，试试让孩子自己涂抹乳液，这样他可以知道自己能接受什么样的力道，能忍受多久。

- 有些孩子不喜欢手上有乳液的感觉，但往身上擦还可以忍受，那就让他们戴上手套或者用化妆棉蘸着乳液涂在身上。

- 刚洗完澡，身上正暖的时候不要涂乳液，尽量提前把乳液弄温，免得刺激皮肤。

- 开始的时候，先涂在相对不太敏感的部位，比如大腿或者后背。

- 涂抹过程中，要一直保持与孩子皮肤的接触，最好稍微用力一点，并且保持力道一致，不要时有时无，也不要忽轻忽重。

- 这个过程中可以一直和孩子说话："右腿、左腿、肚子、右胳膊、左胳膊、后背"，这样的指示可以让孩子知道下一步要干什么，他会更有安全感。每天重复这个模式和过程，让他慢慢熟悉和习惯。

- 另外，游泳的时候，可以选择穿长袖泳衣。

- 跟孩子一起挑选他能接受的乳液。有些乳液比较油，皮肤吸收不好，可能会让孩子感觉不舒服。

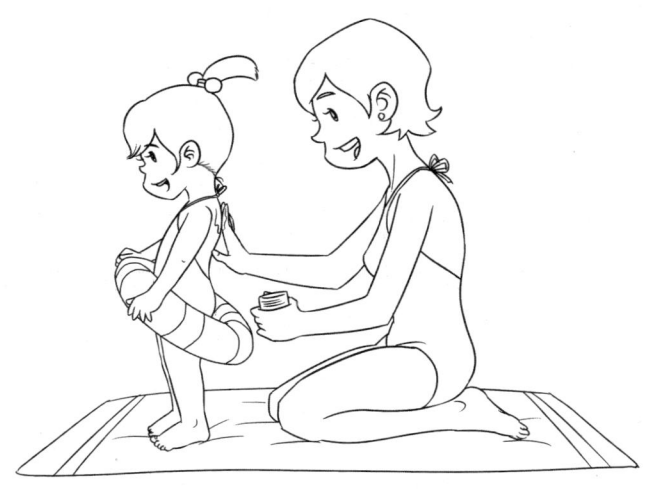

如 厕

　　如厕问题其实涉及很多方面，包括如厕训练、感知觉障碍、运动技能和动机问题，有一些资源可以为家长提供帮助。如厕的对策主要是帮助孩子培养如厕意识和意愿，同时解决孩子可能面临的感知觉障碍问题。比如，有一个问题是经常被忽视的，那就是姿势。有些孩子坐在马桶上，如果脚够不到地面的话，就会感到恐惧和焦虑。用马桶垫脚凳，他们会觉得不安全，担心掉到马桶里，因为马桶对他们来说确实很大。有些孩子害怕冲水声，尤其那种冲水声很大的公共卫生间，而且很多卫生间地面很硬，屋顶很高，所以会有回声，这样的话冲水声会显得尤其大。另外，有些卫生间装的吊扇也会造成听觉刺激或者视觉干扰。还有些孩子不喜欢大便之后水冲洗屁股的感觉。而另一个极端是，有些孩子对马桶很着迷，喜欢不停地冲水，喜欢拽手纸玩或往马桶里扔东西。

对　策

- 可以给孩子用个垫脚凳，确保他坐在马桶上的时候脚不会悬空，或者在墙上安个把手，让他可以把着。

- 允许他带一本喜欢的书或者一个喜欢的玩具去卫生间，这样可以分散他的注意力，让他不那么紧张。

- 试试让他反向坐马桶，这样可以有东西把着，也许他会觉得这种坐姿比较有安全感。

- 教他冲水时捂住耳朵，或者为他提前"预警"：要冲水啦！或者可以让他先离开，由家长帮他冲水。

- 帮助他对冲水声脱敏，最开始的时候，可以让他冲水，然后数到 1 就可以离开，以后逐渐延长时间，数到 2、3……

- 如果卫生间吊扇声音很大，让孩子比较焦虑的话，可以先关掉。

- 如果孩子比较小，可以放一个小马桶垫，这样的话孩子就不会担心自己要掉进马桶里。

- 如果孩子不喜欢大便之后用水清洗，那就降低一下水压。

- 也可以用湿巾，这样既清洁彻底，还可以避免孩子使用过多的手纸。

第二部分

饮食问题

在很多文化中，饮食都是和养育以及社交联系在一起的，所以，孩子在这方面出现问题的时候，家长往往会觉得很有挫败感。对家长来说，这种问题确实不好解决，有些家长甚至一到吃饭时间或者之前很久就开始焦虑烦躁。孩子和家长之间经常出现的局面是：孩子死活不吃，家长软硬兼施，一顿饭下来，双方来回拉锯，都消耗了太多的时间和精力。这种情况常常会影响家庭气氛，弄得家里鸡飞狗跳，让家长毫无成就感。

一些孩子非常挑食，因为他们可能不喜欢某种食物的口感，拒绝尝试没吃过的东西，或者尝一口就吐出来，甚至吃下去也会呕出来，这样可能会造成营养不良或体重过轻，家长就会觉得让孩子增重是首要任务，甚至体检的时候都会很有压力。还有一些孩子可能吃得过多，但是口味却很单一，比如只吃软的食物、碳水化合物之类的，因为这种食物很容易咀嚼，其实这是由于他们口腔肌肉力量不足，嚼不动肉类或者硬一点的食物。有些孩子吃饭时总是一片狼藉，因为他们精细动作能力不足，用餐具吃饭、用杯子喝水都有困难，刚开始吃饭的时候，还能用一会儿勺子或叉子，但往往没一会儿就上手了，因为这样更方便。口腔感觉不足的孩子可能会狼吞虎咽，一口塞进好多，完成咬、嚼、咽这一系列的动作时也有困难。寻求感官刺激的孩子可能会把食物当玩具、扔满地，或者不肯安安静静地坐餐椅，坐一会儿吃一口就跑走了。

本部分会针对上述问题提供一些比较实用的解决办法。

口腔触觉敏感

有些孩子习惯了糊状食物,过渡到混合食物或者稍硬的食物时会有困难,这些孩子对食物接触嘴唇和口腔也更为敏感。他们可能有咽反射敏感,只要往下咽东西,或者一吃到嘴里,甚至是舌头一碰,就会呕吐。一般来说,早产儿最开始尝试非糊状食物的时候都会有困难,触觉敏感和其他感知觉障碍的孩子也会有相似的问题,这些孩子也往往有营养不良的问题。另一方面,还有些孩子可能只能吃硬的食物,或者有嚼劲儿的、辣的食物,而一吃到软的、黏糊糊的东西就会吐;有些孩子只吃凉东西,还有些孩子只吃常温的或者只吃热的,问题各不相同。

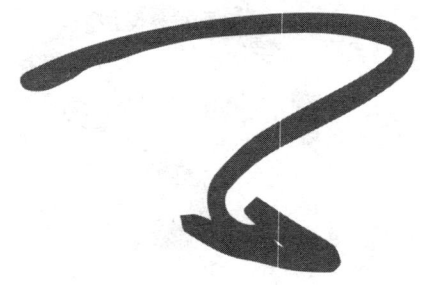

对 策

- 如果孩子对吃饭过于敏感、过于焦虑,那么在吃饭之前就要保证帮他平静下来。

- 尝试新东西之前,想一想哪些是孩子平时习惯吃的,这些东西有什么共同点没有(比如口味、口感、颜色、气味),让他尝试的东西,最好是和他习惯吃的东西有一些共同点,这样他会更愿意尝试。

- 一次只试一种,这样他就不会觉得太紧张,以致完全拒绝。

- 如果是口腔敏感的孩子,吃东西之前可以借助一些游戏帮他"脱敏",比如前面提到过的鼓腮帮游戏。

- 允许他吃东西的时候做一些能分散注意力的事情,比如看动画片,这样能减轻他的焦虑,不会过于纠结在吃饭问题上。

- 一定注意不要在吃饭问题上给予太多关注，无论是正面还是负面的，都不要，也不要无意中造成强迫孩子吃饭的效果。

- 和孩子一起吃东西，你一口他一口，或者看看有没有兄弟姐妹或者小伙伴愿意一起用餐，尽量营造轻松愉快的用餐氛围。

- 根据孩子的实际情况，设定合理的期望值，并且让孩子清楚地知道你的期望值。

- 不要一次性在餐盘上放太多食物，对孩子来说，这是一种压力，会让他立马就想逃跑了，用小一点的餐盘或者碗，每次只放几小口的量，吃完再盛，这样孩子觉得容易完成。

挑 食

一般来说，大部分孩子在两岁左右都会有挑食现象，这是发育过程中的常见现象，但是有些孩子会一直延续下去，没有改观，这是很多家长都比较头疼的问题。其实，成年人在饮食方面也是有自己的好恶的。重要的是，我们要区分，哪些是一般性的挑食，哪些是严重到影响营养摄入进而影响健康的挑食。

餐桌变成战场，往往源于家长和孩子的权力之争。对于孩子来说，每天都生活在感觉超负荷、乱七八糟、混乱无序的状态中，本身就很难建立安全感，如果能允许他在吃什么、什么时候吃这些方面保留一点点小刻板，会让他感觉对这个世界有所掌控，有助于他保持情绪平稳。

对　策

- 可以做一个每周食谱，这样有助于分析和掌握孩子的营养情况，即便他非常挑食，您也能够从中发现他对哪一类食物有一些偏好。

- 鼓励孩子尝试新口味，不过每顿只尝试一种新食物，只吃一口就行，每种新食物可以尝试 10 次，之后再尝试下一种。

- 刚开始的时候，可以告诉孩子，不一定非要吃下去，可以看一看、闻一闻，或者摸一摸，不一定非吃不可。

- 尽量保证新食物在色香味等方面和以前习惯吃的食物差不多，这样的话，孩子可能会更愿意尝试。

- 孩子试吃的时候，不要"贴身监视"。

- 玩个"呼叫铃"的游戏，盘子里盛上三小口的量，给他一个小铃铛，然后走开，告诉他吃完以后可以按铃呼叫爸爸妈妈，如果孩子愿意尝试，他吃完以后家长一定要不吝赞美之词！

- 让孩子动手参与做饭或者备餐，这样的话，他有机会去熟悉这些食物，同时在选择方面会让他有一种掌控感，觉得自己对于吃什么有自主权和选择权。

吃相邋遢

对于寻求感官刺激的孩子来说，进餐时间给了他一个大好机会，让他体验到挤扁、弄碎食物的感觉，还可以把吃的东西吐啊、甩啊，扔得到处都是，所有这些都给了他不同的感官体验。

有些孩子喜欢把食物抹在手上、脸上、衣服上，甚至头发上，还有些孩子喜欢把食物大卸八块，细细地研究、品尝。对于刚刚学会用手吃饭的孩子来说，这是比较常见的行为模式，但是，对于有些孩子来说，这可不太妙。他可能每次吃完饭都会把身上、桌上、地上弄得到处都是，就像爆炸现场一样。喝水也是一大难题，寻求感官刺激的孩子会用吸管吹泡泡，或者吸上一口，然后喷到别人身上，或者把食物和水混在一起，然后在嘴里打转玩，就不往下咽。

感觉迟钝的孩子也可能吃得到处都是，但不是因为寻求感官刺激，而是感觉缺乏，所以可能感觉不到衣服上、手上，甚至脸上有东西，或者由于视觉感知异常，可能分不清哪里是盘子，哪里是桌面。另外，对自己用力大小也没有意识，喝水的时候把握不好分寸，很容易洒，拿杯子的时候不自觉得就端斜了，还常常把碗、盘子弄到地上，因为他们把握不好桌面和桌边之间的距离。

对　策

- 一次不要盛太多东西，可以少量多次，吃完再盛。

- 尽量给孩子那种能够拆分开的食物。

- 如果孩子没拿吃的东西当玩具，就一定要给予肯定，着眼于积极行为。

- 注意观察他是不是吃饱了，吃饱以后趁他开始玩食物之前就让他把盘子收起来拿到水槽。

- 如果他要喝水，喝的时候给他杯子，不喝就把杯子拿走，再喝再拿，不喝就拿走，不给他玩杯子的机会。

- 用颜色鲜艳的碗，这样他比较容易看清楚。

- 用吸盘碗，这样可以固定位置。

- 教孩子学会用围嘴和湿巾，随时擦脸擦手，这样可以让他们放慢节奏，并且培养保持脸手干净的意识。
- 用重一点的餐具和杯子，这样可以让他们感觉明显一点儿，也可以培养他们的力量分寸感。

狼吞虎咽

有些孩子因为口腔敏感度低,吃饭的时候,塞了好几口之后,大脑才会接收到嘴里有东西的信号。可是这个时候,他早已把嘴巴塞得满满的,根本没法咀嚼,更没法下咽,他就可能大张着嘴嚼,或者用手把嘴里的食物拿出来,或者用手把食物顶回去再咽下去,也有可能会吐到盘子里或者桌子上。

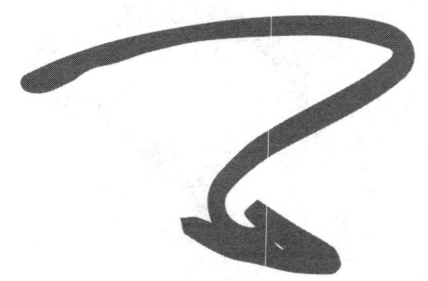

对　策

◆ 把三明治、比萨饼还有糕点等这种可以用手拿着吃的食物切成小块，一小块就是一口的量。

◆ 吃饭的时候，尽量让孩子用叉子或者勺子，而不是用手拿，这样可以帮助他放缓节奏，减少上述情况的发生。

◆ 最开始的时候，盘子里一次只放两口的量，等到他能控制节奏了，可以慢慢加量。

◆ 让孩子用餐巾或者湿巾随时擦嘴，这样可以帮助他们放缓节奏，以免光吃不嚼，可以口头提示他们：咬一口、嚼一下、咽下去、擦嘴巴，咬一口、嚼一下、咽下去、擦嘴巴。

- 给他们提供那种对口腔感觉刺激比较强烈的食物，比如牛肉干、猪肉脯、爆米花、沙冰、辣酱或者柠檬水，这些食物、饮料通常味道比较浓郁（酸辣咸鲜），口感也比较特别，或者是有嚼劲儿，或者是脆脆的。

- 让孩子在进餐期间喝点水，或者奶、果汁什么的，这样可以帮助他们下咽。

- 另外，这样的孩子在口腔运动感觉训练方面可能需要作业治疗师或者言语治疗师的专业帮助。

使用餐具

很多家长认为用餐具吃饭是轻而易举的事,因为他们自己每天都用,根本没觉得要费力费神。但实际上,学会使用餐具、掌握使用步骤,需要很多技能。首先得学会把餐具拿住并且放到准确位置,舀一勺食物,然后再端着送到嘴边,之后再放回盘子里。除了动作协调能力之外,还需要感觉信息处理能力,这样才能够判断餐具放在哪里合适,使用多大力道合适,同时也能够判断拿勺子的手和盘子、和嘴之间有多大距离。

除此之外,还要有足够的抗挫折能力,因为很多孩子在学习生活技能的时候,很容易感到挫败、丧失信心。因此,他们很容易出现负面行为,比如扔餐具,或者刚开始用勺子吃,可是吃着吃着就上手了,或者过分依赖于大人的帮助,最终造成习得性无助。

对　策

- 尽量不要手把手地教孩子，否则他可能直接让你代劳了，而且，手把手教的话，你也没法判断哪些环节是他能够独立完成的。

- 建议在旁边观察，在必要时才提供辅助，比如，他能拿住勺子，但是端着送到嘴边的过程可能需要帮助，否则可能就会拿不稳勺子，撒了食物。

- 家长可以拿着勺子把的位置进行辅助，或者把着他的手腕、胳膊来帮他学会使用餐具。

- 最开始的时候，可以用土豆泥、布丁或者酸奶这类比较容易粘在勺子上掉不下来的食物进行练习。

- 用他喜欢的食物进行练习,会让他更容易坚持下去。

- 如果想要进行更难一点的尝试,那就有必要请作业治疗师介入,他们在任务分析和生活自理能力训练方面比较有经验。

安坐就餐

　　寻求感官刺激的孩子，还有注意力缺陷多动障碍的孩子，都很难久坐。可能刚开始进餐的时候还能坐一会儿，但是会不停地动来动去，或者把椅子翘起来，或者抖腿踢脚，或者干脆跳下椅子跑来跑去。因为感知觉障碍，孤独症谱系障碍或者感觉过敏的孩子有时候会表现焦虑，或者从餐桌逃开。餐桌上的食物混合气味、人们咀嚼食物的声音、金属餐具和陶瓷盘子擦刮的声音，还有人们此起彼伏的谈话声，都可能引起感觉超负荷。还有些孩子如果坐在大椅子上，脚够不到地面的话，就会产生强烈的不安全感。

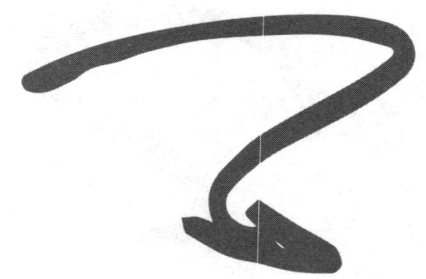

对 策

- 在就餐时间之前给他提供机会让他充分运动。(参考附录A)

- 如果孩子多动,那就允许他站着吃饭,只要他能够待在餐桌旁就可以。

- 在椅子腿上绑条阻力带,这样可以减少他踢来踢去的行为。

- 在孩子是不是能安静坐下来这方面,要求不要过高。如果孩子吃完了,应该允许他离开,而不是留在餐桌旁,这样可以避免造成鸡飞狗跳的局面。

- 有些孩子在学校里待了一天,或者进行了一天的治疗,已经到了极限了,所以可能需要一个安静的角落进餐。

- 如果孩子感觉过敏，在餐桌上戴上耳机或者耳塞，可能会减少一些听觉刺激。

- 给孩子准备一把儿童高脚椅，这样他的脚可以够到东西，容易有安全感。

吃 药

不管是吃药、维生素,还是营养剂,孩子们都会面临很多困难。有些孩子对气味非常敏感,家长绞尽脑汁用尽各种办法,甚至把药藏在饭里等,他们都能闻出来。另外,对于有口腔运动功能障碍或者口腔敏感的孩子,让他们把药咽下去也是很困难的。如果孩子在吃药方面有过不愉快的经历,再让他尝试就很难了,他可能会跑掉、捂嘴,也可能咬紧牙关绝不张嘴,或者非常焦虑,以致出现情绪问题。

对　策

◆ 如果是药水，那就分成小份，用注射器打到孩子喜欢吃的食物里，最好是花生酱饼干或者布朗尼蛋糕这类味道比较浓郁的食物。

◆ 至于营养剂，可以到专业的保健食品店里买那种无味的，比如补充富含 Omega-3 的金枪鱼鱼油。

◆ 注意：如果孩子有吞咽问题，或者还不会喝药水，那就先不要练习吃药片。

◆ 教孩子吃药片的时候，一定要注意让他不要仰头，要低头，这种姿势有助于保持食道开放，利于吞咽。

◆ 把药片放在孩子舌头中间，让他喝一杯水。

- 可以试着让他用吸管喝水，把药片冲下去。这样的话，他的注意力就不会集中在吃药上，而是集中在吸管上了。

- 先让孩子练习吃巧克力豆，或者是杂货店里装饰蛋糕用的那种小糖球。

- 有那种专门用于吃药的特制小杯子，也可以试一下。

第三部分

睡眠问题

很多孩子都有睡眠问题，比如寻求感官刺激的孩子、有注意力缺陷多动障碍的孩子、孤独症谱系障碍孩子①，他们好像整天都是精力充沛，越到睡觉时间越是兴奋。他们没办法安静下来，也很难养成按时睡觉的习惯。家长们都知道应该保证孩子的睡眠，这样他们才有充分的体力和精力进行第二天的活动，但是，让他们上床就像是不可能完成的任务，老师们会反映孩子第二天瞌睡不断，或者很难集中注意力。有些孩子因为缺乏睡眠而感到不舒服，还会导致问题行为。还有些孩子睡前准备没有困难，但睡得不踏实。由于听力过度敏感，他们受不了噪

---

① 译注：参见《孤独症谱系障碍儿童睡眠问题实用指南》，[美]特里·卡茨（Terry Katz），[美]贝丝·马洛（Beth Malow）著，王广海、鲁明辉译，华夏出版社，2017.

声，比如狗叫的声音、水龙头开关的声音，街上的车开过去甚至是风声都可能惊醒他们。睡眠不足，早上就起不来，而家长们必须赶时间，让他们按时上学，这就容易引起冲突，造成家庭里的负面氛围。负能量爆棚的结果就是：一大早起来家里就鸡犬不宁，孩子一整天可能都会变得容易激惹，情绪焦虑，陷入无序状态。还有一些孩子，比如孤独症谱系障碍的孩子，可能对于入睡和起床有自己一套非常刻板的程序和仪式，这样就会浪费很多时间，或者影响到其他家庭成员。

起 床

家里有个特殊孩子,几乎每天早上都是各种忙乱。家长要叫醒孩子、做好早餐、哄孩子吃饭、带午餐,还要帮他们检查书包、穿好衣服,同时自己还要做好上班准备,所有这些都要在早上这一小段时间完成,真是艰巨任务。可是孩子常常睡不醒,家长老是催催催,这样一种气氛,可能让人一整天情绪都不好。对于有特殊教育需要的孩子来说,早上心情不好,可能一天都恢复不过来,在学校的日子就更为难过。有些老师就提到有些孩子注意力持续时间短,容易分神,在课堂上睡觉,或者有情绪问题。过于活跃的孩子可能半夜都不睡觉,造成睡眠不足,所以,第二天就没办法集中精力,完成学习任务。

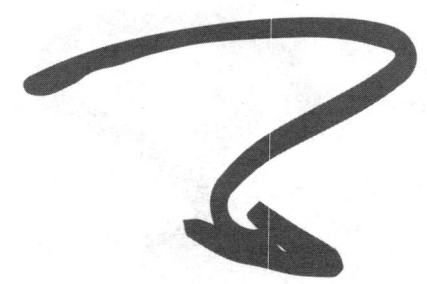

对　策

- 早上多预留出一些时间，叫醒孩子之前，开开房门，打开灯，放一些轻快的音乐。

- 刚醒来的时候让他喝点凉水或者喜欢的饮料。

- 如果时间允许的话，早上让孩子冲个澡。

- 用点含柑橘或者薄荷成分的沐浴露和洗发水，这样有助于提神醒脑。

- 洗澡的时候用沐浴球，这样有助于通过触觉"唤醒"他的整个感官系统。

- 让孩子做个有趣的运动游戏，比如捉迷藏、跳蹦床，这样可以调动他的身体。

- 早餐最好吃点对口腔感觉刺激强烈的东西,比如脆脆的或者辣的、咸的东西,这样也会让他尽快"醒来"。
- 完成早上起床洗漱这一系列任务时可以放一些轻快的音乐。

准时出门

要准时出门，对于所有家长来说都是个让人头疼的事情，不只是特殊孩子家长。大家好像总能在最后一分钟发现一大堆还没做完的事情：衣服没收，邮件没回，碗没洗，被子没叠，电话没打完，短信还没回，整个世界一片忙乱。

如果家里有这么一个孩子，他看电视节目非得等到演职员表都播完才算完，不然就不肯走，或者总是找不到自己的衣服、背包，那要想每天都准时出门，简直比登天还难。到点儿了，家长要么连哄带骗，要么连吵带喊地把孩子弄出门，然后这一天谁都别想好过。

对　策

- 规定早上禁用电子产品，家长孩子一起遵守。

- 想想早上要做的这些事情，有没有可以在前一天晚上就提前准备好的，这样早上可以节省一点儿时间。

- 前一天晚上盘算好第二天准备带的午餐、要穿的衣服，还有要带的东西，然后提前放车上。

- 多预留出一点儿时间，以防有意外状况和突发事件，有时候提前 10~15 分钟起床，才能保证让你有条不紊、顺利出门。

- 如果孩子有一些刻板的小仪式、小程序，那就多预留出一点儿时间，让他完成。如果他习惯看的节目还没结束，你就关机，那就有可能让他崩溃，一旦崩溃了，耽误的时间会更多。

- 做一个可视化的任务图表（见附录C），完成一项勾选一项，这样他知道下一步应该做什么。

入睡准备

寻求感官刺激的孩子、有注意力缺陷多动障碍的孩子或者是过度活跃的孩子，都有入睡困难的问题，一般来说，家里越热闹，孩子越躁动，而晚上通常是一天当中家里最热闹的时候，电视声、电话声、炒菜声此起彼伏，孩子们作业辅导需要出声、家里人说话聊天也要出声，要是再有个小宝宝，一会儿哭一声，那就更乱了。这种环境下，孩子会有强烈的无序感，导致焦虑、紧张和感觉超负荷。而家长呢，忙了一天的工作，本来就很累，要保持淡定平和确实比较困难，所以常常出现的情景是：为了让孩子们听话，家长东跑西颠地忙碌、高声大气地讲话，但这样做的后果往往是让孩子的无序感更加强烈。

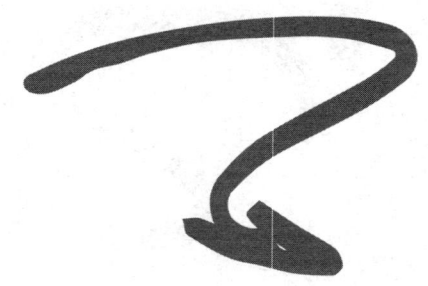

对 策

- 首先，家庭环境应该保持安静、安宁。

- 看看从哪些方面入手可以减少外界刺激，比如关掉电视、调暗灯光，还有把手机调成静音模式。

- 放一些舒缓的轻音乐。

- 低声说话，轻手轻脚，打造一个安静的氛围，孩子非常躁动的时候可能听不到你说什么，但是能感受到你的行动。

- 跟孩子说话的时候，尽量靠近他，等他注意到你之后你再说话，这样有助于让他学会第一遍就反应，免得对你充耳不闻。

- 让孩子知道晚上睡觉前都应该做什么，程序越简单越好。

- 使用可视化图表（见附录 D），尽量减少口头指令，因为口头指令对他来说也算是噪声刺激。

- 洗澡的时候也应尽量保持安静，可以把灯光调暗，点一些香薰，放点儿轻音乐。

- 用一些含有薰衣草、茉莉花和洋甘菊气味的蜡烛、香皂、浴盐、浴液、润肤露，因为这些味道有安神作用。

- 不要让孩子在房间里横冲直撞或者转圈玩，因为这类活动会提高他的兴奋度。

- 做一些负重游戏，比如驼着东西钻隧道或者钻椅子的游戏，这有助于让孩子安静下来，更多活动参见附录 A。

- 跟孩子一起设计一个安静角，孩子过于兴奋的时候可以让他去那里"降降温"，这对多动和敏感的孩子都有效。

- 让孩子做一些封闭式的、重复性的、不需要太动脑子的活动，比如整理衣服或者餐具、玩积木、拼拼图，或者分类配对的游戏。

- 如果上述办法都不奏效，可以咨询一下专业医生，看看是否需要服用褪黑素或者其他药物。

睡眠障碍

有些孩子睡眠极其不规律，今天入睡没问题，明天干脆不睡觉；有些孩子可能每天只睡一小会儿就醒了；还有些孩子的睡眠好像与季节有关，比如有些家长就发现孩子在入秋的时候睡眠问题会比较突出。

这种情况和前面提到的寻求感官刺激的孩子还不一样，寻求感官刺激的孩子是一直有睡眠问题，安静不下来，无法入睡。感觉过敏的孩子可能会有恐惧、焦虑、强迫的情绪，而来自学校或者家庭的压力会加剧这种状况。

简单来说，对于睡眠不规律的孩子，最重要的就是帮助他们建立睡眠规律。家长们常常不能坚持前后一致的策略，因为他们很难确定将要面对什么，所以经常是基于孩子当下的行为做出反应，也就是被孩子牵着鼻子走了。

对　策

- 家长们要善于思考，不能总是被动反应，要学会在行动上占据先机，如果你对孩子的问题行为每次反应都不一致，那他就会更加混乱。

- 如果可能的话，尽量保证每天同一时间上床睡觉。

- 帮助孩子制定适合他的有规律的作息时间表，最好请他一起参与，这样他会更容易记住这个作息表，就可以缓解睡前焦虑。

- 帮助孩子画个图或者做个表格，让他在上面用自己的方式标注出作息时间。

- 卧室里尽量保持安静，可以用遮光窗帘，也可以放一些轻音乐，或者白噪音之类的音频。

- 床最好不要放在房间中间，靠墙放，这样可以给他安全感。

独立睡觉

孩子还小的时候,家长一般不会要求孩子必须独立睡觉。经过了一天的战斗,家长们也都精疲力竭,所以孩子们在父母的床上睡去,或者半夜里醒来跑到父母房间接着睡,家长们一般都是默许的。但是,孩子很快长到八九岁了,你会发现他已经适应了这种模式,很难改变了。

有些孤独症谱系障碍孩子,或者是有强迫症的孩子,他们必须在特定时间起床以便完成一些刻板的仪式化行为,因此,就会导致睡眠不足或者焦虑加重。过度活跃的孩子比家里其他人睡得都少,可能会早早起床,或玩或看电视。

与针对其他问题行为的对策一样,您需要把握好底线,也就是说,您需要判断有无必要以及何时何地进行干预。如果父母双方在孩子是否独立睡觉这个问题上常有争执,或者这种行为已经严重影响到其他孩子的睡眠,家庭成员一致认为这是一个非解决不可的问题的话,那就应该采取措施了。

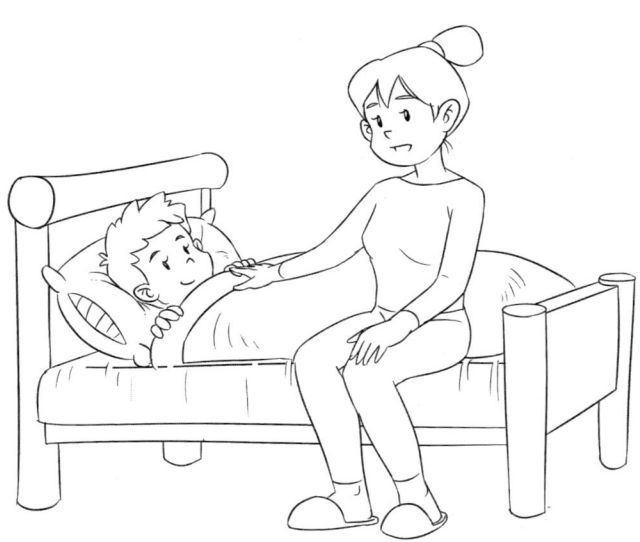

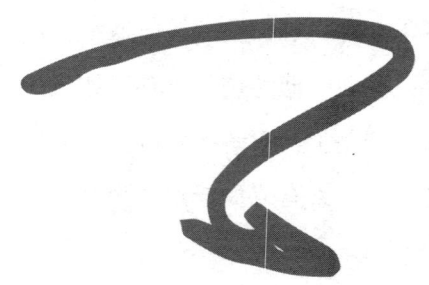

对 策

- 如果家里有两个大人，那就需要两个人就行动计划达成一致。

- 小一点儿的孩子不用讨价还价，直接把他抱回他自己的卧室就好，重复几次以后就会奏效，最好选择周五晚上进行干预，这样的话，您不用担心第二天要早起上班，睡眠不足。

- 通过正强化的方式鼓励孩子独立睡觉。刚开始的时候，只要他能坚持一个晚上或者哪怕几个小时，就可以给予奖励，之后，渐渐延长到两个、三个、四个晚上，再给奖励。

- 在焦虑状态下,孤独症谱系障碍孩子或者有强迫症的孩子会非常刻板执拗,可以试试附录 A 中的安抚游戏,并且跟老师沟通一下以减少在学校的焦虑。

- 有些孩子在周末的时候会赖在父母房间过夜,那就可以和他达成一个协议,如果平时他可以独立睡觉,那么周末时就可以奖励他跟父母一起睡一个晚上。

- 试试给孩子在父母床边搭个小床,为以后的独立睡觉做好准备。

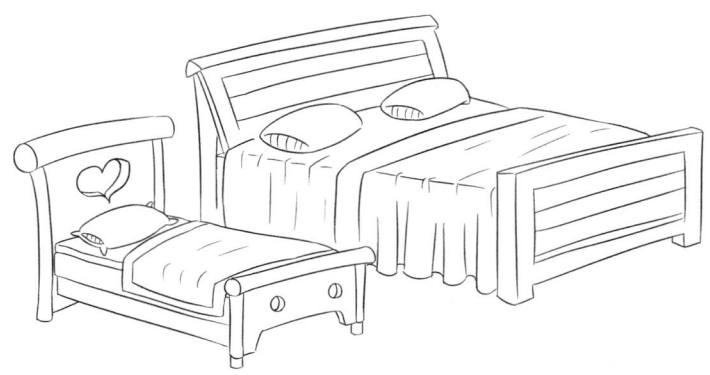

第四部分

社会生活

带一个特殊孩子出门是一项很艰巨的任务,因为可能随时都有突发状况,所以家长要面对巨大的压力和焦虑。对许多特殊孩子家庭来说,哪怕是有个要出门的念头都足以让人产生畏难情绪,因为带孩子出门的时候,很多家庭都有过不愉快的经历,比如到商场、餐馆、小店、医院这些地方的时候,孩子出现情绪崩溃、大哭大闹,或者周围人冷眼侧目、指指点点。对于特殊孩子的父母来说,购物这样看似简单的事情其实非常不容易。很多家长形容自己像被困在家里的人质,因为要带孩子出门,就必须预设种种状况,还要有应对预案,还要考虑孩子的反应,他们实在是没有心情和精力应对这些。

有些孩子受不了过多的视觉或者听觉刺激、温度变化，餐馆或者商店里的气味都可能让他难以忍受。感觉超负荷的情况下，他们会更加张皇失措，他们可能会到处乱跑，可能会抓货架上的东西，也可能会大哭大叫、惊恐、焦虑，甚至可能会打人或者砸东西。孤独症谱系障碍的孩子还有可能每次都要求买同一件玩具或同一种东西，如果遭到拒绝，就会大发脾气。有感觉调节障碍的孩子更是不可捉摸，状态极其不稳定，有时候非常好，有时候又非常糟。带他们出门，家长们不知道孩子下一秒会干什么，自己又会如何反应和应对，那感觉就像是在坐过山车，不知道什么时候会停。

去医院更是噩梦一样的经历，对医生、对家长都一样，有些孩子等不及、坐不下，因为等待会让他们非常焦虑，他们会上蹿下跳，搞得屋里一团糟。护士或者医生为他们洗牙、打针，或者检查耳道时那种触碰都可能引起不适或者痛感。当然了，害怕去医院是普通孩子也会有的反应，但是，有感官问题的孩子，他们反应更为明显，反应的激烈程度和持续时间也各不相同，有些可能反应很激烈，持续时间也很长，孩子们很难恢复平静。

买东西

买东西对于有感知觉问题的孩子来说也不容易，不同的购物区域之间有很大的温度差，比如在干货区，可能温度适宜，而在生鲜区，温度就比较低。另外，很多店里都喜欢使用很亮的灯光，比较炫目，但是这些灯的闪烁、嗡鸣都会给这些孩子带来不适。有些卖场利用过道或走廊的空间展示货品，这也会给孩子们造成视觉上的混乱。有些卖场里可能还有食品加工区，弥漫着各种食材和成品的混合味道，冰箱、冰柜的噪声，开关门时扑面而来的冷气，都可能令他们不舒服。还有购物车车轮的吱呀声，收银台的扫码声，顾客的走动和谈话声，都会增加听觉刺激，让他们觉得难以忍受。

孤独症谱系障碍的孩子可能会被某种视觉刺激所吸引，比如霓虹灯或者写着"出口"字样的牌子，他就会一直盯着看下去，不肯离开。寻求感官刺激的孩子，或者是有注意力缺陷多动障碍的孩子可能会在卖场里跑来跑去，随手抓掉货架上的东西，甚至是把食物乱丢。而感觉过敏的孩子，碰到感觉超负荷的情况，就会出现"挣扎、逃避、死机"的反应模式，可能会情绪爆发，也可能会固执刻板，也可能怕到浑身僵硬。

对　策

- 不要在孩子上了一天学之后带他去购物，最好挑孩子情绪最为平稳愉快的时候去，商店里人太多的时候也最好不去。

- 不要对孩子要求太高，不要在商店里停留太长时间，或者一次走太多地方。

- 去之前先列一个购物清单给他看，或者让他帮你写一个，进到卖场之前再看一遍，这样他能明白买完这些就可以走。

- 随着孩子的进步，可以逐渐增加购物项目，慢慢延长购物时间。

- 让孩子有事可做，比如帮你找到要买的东西，把货品放进购物车，帮你念购物清单，对照看看还有什么没有买。

- 可以请他帮忙推购物车，这样可以起到缓解肌肉紧张的作用，同时还可以保证他不会离你太远。

◆ 穿个加重背心或者背个重一点的双肩包，可以帮助一些孩子减少过动，平静下来。

◆ 给孩子戴一顶棒球帽或者遮阳帽，这样可以挡住一些强光刺激。

◆ 去买东西时要有规律，比如每次进去出来都走同一条通道。

◆ 结账时可以请孩子帮忙把东西放到收银台上。

◆ 等收银员扫码结账时，请孩子帮忙撑住购物袋，这些都能有助于让他明白：就快结束了，就快回到车上了。

◆ 可以戴个耳机或者随身听，让他听一些轻音乐，这样可以缓解他的听觉超负荷。

◆ 去购物时，允许孩子带上自己喜欢的一件玩具或者一本书，这样他的手上有事可做。

◆ 带点他喜欢的小零食，一则可以满足口腔刺激，二则可以当强化物。

◆ 提前写个关于购物的社交故事，有助于他理解行为准则，了解大概要做什么。

◆ 如果可以，尽量选择规模小一点的商店。

◆ 选择大家情绪比较平和的时候去购物，这种状态下，您的行为和情绪都可以给孩子起到更好的示范作用。

逛商场

特殊孩子的家长几乎很少带孩子去大型的购物中心,和前一章提到的去买东西的问题一样,大商场里的感官刺激对于孩子来说是难以忍受的,会引发很多情绪问题和行为问题。除了灯光刺激、视觉超负荷之外,很多购物中心都会放音乐,公共区域也放,各种小店里也放,音量还都不小。另外,在大商场里,容易出现走失情况,所以还要格外注意安全问题。

寻求感官刺激或者有感觉调节障碍的孩子可能刚开始时还比较安静,后来就会变得越来越兴奋、越来越活跃,之后就会出现各种问题行为。其实,究其原因,都是孩子的无序感引起的。感觉过敏的孩子可能会逃避,藏起来,捂耳朵,甚至尖叫哭喊。

另外，在不同的店里出出进进，也会引发问题，导致孩子情绪爆发或者逃避。有些孩子害怕坐扶梯或者乘电梯，有些孩子却坐得上瘾，没完没了地坐。大型购物中心一般都有游戏区，有些孩子可能因为玩得过度兴奋，和其他孩子互动时不知轻重，或者玩起来就不肯走。商场里的各种味道，香水、食品甚至是衣服的味道，都可能引起他们的嗅觉不适，或者刺激到那些寻求感官刺激的孩子。很多父母都说过，孩子不愿意试穿新衣服，因为上面有"新"味。

对　策

- 不要在商场停留过久，对很多孩子来说，一个小时就是极限了。

- 选择人不多的时段去锻炼孩子适应商场环境，时间不要太长，东西不要买太多，一次买一两样就够了。随着孩子的进步，逐渐延长时间。

- 如果孩子比较小，那就带上婴儿车或者在商场租一个。

- 时不时地休息一下，缓解孩子的感觉超负荷。找个安静的地方，让孩子吃点小零食，或者坐一下按摩椅，很多商场里都有这种设施。

- 带个可以刺激口腔感觉的东西，吸管、水瓶或者那种脆脆的零食。

- 给孩子戴一顶棒球帽或者遮阳帽以便减少光线刺激。

- 戴上耳机或者耳塞，听一些舒缓的轻音乐。

- 周末或者假期的时候不要去商场。

- 列个时间表或者做个可视化日程表，帮助孩子理解时间概念。

- 背个双肩包，或者拎个购物袋，重压刺激有助于孩子体验感觉输入，使他安静下来。

- 在孩子衣服上或者腰上拴条安全绳，以防走失。

- 不要逛个没完，即便孩子看起来状态还可以，要知道下一家店就有可能是压垮他的最后一根稻草。

- 趁孩子情绪尚好的时候离开，如果逛街购物在他脑海里留下了愉快的记忆，那么他下次会更愿意来。

- 孩子表现好的话，记得及时给予强化。

看电影

和家人朋友一起去看电影是很常见的社交活动，但是对于有问题行为的孩子来说却是个挑战，这些问题行为大多与感知觉问题有关。有些孩子可能害怕影院里的黑暗，还有音效。如果其他观众离他们太近，他们也会感到紧张。对于那些感觉过敏和有感觉调节障碍的孩子来说，电影中的视觉和听觉效果有时候有点儿突如其来，不可预测。有些孩子可能会因为别人吃爆米花、小零食的声音而分心、生气，或者受不了那种味道。有些孩子会坚持坐某个座位，比如最前排，如果这个座位有人了，他们就会情绪爆发。还有些孤独症谱系障碍的孩子可能受不了你迟到或者提前离场。

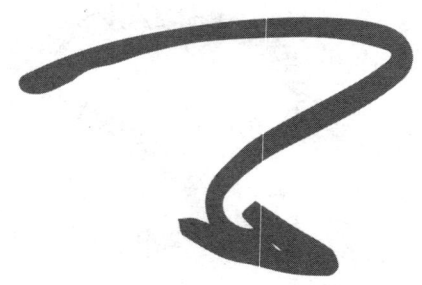

对　策

- 很多影院都有为特殊人群准备的电影，给影院提前打个招呼，或者争取社区组织帮助，他们通常会为您提供一些信息供您参考。

- 如果孩子喜欢坐某个特别的位子，那就提前到场，方便他坐到喜欢的位子。

- 如果孩子对声音敏感，那就留意一下音箱在哪里，然后尽量坐远一些。

- 找个放老电影的便宜影院，或者看日场电影，便宜一点的地方，其他观众可能会比较包容，如果中途离场，损失也不会太大。

- 看看能不能给孩子戴个耳机来减轻噪声影响。

- 跟工作人员说好，允许孩子带点喜欢吃的东西，吃东西可以让他有事可做，或者集中注意力。

- 给孩子带一件安慰物，毯子或者毛绒玩具都可以。

- 如果孩子喜欢来回摇晃才能安静下来，那就找个有这种椅子的地方。

- 坐在过道旁边，方便孩子出去休息或者去卫生间。

- 一直等到片尾字幕都放完再离场，虽然这样做有点刻板，但是对于孩子来说这能起到缓冲作用。

去饭店

和家人朋友外出就餐也是一种极好的社交体验，但同时也会带来一些问题，通常的结果是：高高兴兴吃饭去，垂头丧气回家来。本来期待的是一场完美的生日宴会，但是孩子的问题行为可能会毁掉整个气氛，让所有人都大为扫兴。

外出就餐可能会出现的问题包括：孩子有很多不能吃的东西，视觉、听觉、嗅觉过于敏感，不愿意等待，吃饭时不能一直安坐在座位上。此外，孩子的问题行为肯定会影响到其他人安静就餐。

对　策

- 很多餐馆都有特殊的无麸质菜单，他们也很乐意帮你把从家里带来的饭菜加热。

- 找个非就餐高峰时间，餐馆里几乎没人的时候去试试看，先给他点个小零食或者饮料，看看他对环境的反应。

- 选择餐馆不太忙的时候前去用餐，比如非周末时间，或者大家还没开始吃晚饭的时候。

- 找个没有人来人往的位置就座，不要坐在上菜位置，卫生间或者门口附近也不好。

- 如果孩子吃饭很快，吃完又不能等别人，那就把他的饭分出一部分放在不显眼的位置，一次只给他几口的量，以便延长他的就餐时间。

- 有些孩子等餐的时候喜欢弄沙冰吃，这也可以，总比吃饼干或者零食强，至少不会让孩子吃饭时没胃口。

- 可以给孩子戴上耳机、帽子或者护目镜来减少视觉、听觉刺激。

- 带点拼图、蜡笔、书或者 iPad 之类的游戏玩具，孩子开始等得不耐烦的时候，可以给他打发时间。

- 餐桌上有那种小糖包的话，拿过来带孩子玩玩排序、分类、堆堆儿，分散他的注意力，总而言之，就是给他一些封闭型、结构化的任务帮助他安静下来。

- 如果孩子无法安静，那就每隔一段时间带他到餐馆外面走一圈，以减少躁动。

- 帮孩子写社交故事，或者读社交故事，去餐馆之前拿出来看看，或者就餐时用来提醒孩子。

- 运用代币制，鼓励孩子的积极行为，他下次会更愿意这样做。

- 对孩子的表现不要有过高要求，争取在愉快的气氛中结束用餐。

休闲活动

对孤独症谱系障碍孩子来说，找到一项适合他们的运动或者休闲活动并不那么容易。他可能没有必要的运动技能来完成那些运动步骤，也控制不了自己的身体和情绪，或者注意力不够，参加不了棒球、垒球或者篮球这类团队活动。有些孩子兴高采烈地加入了团队活动，结果却发现自己处处落后，最后黯然失望，备受打击。有些孩子大动作技能和手眼协调能力还可以，但是活动的时候容易过度兴奋，注意力不集中，或者对他人有攻击性。由于思维模式的原因，还有缺乏社交技巧、不能理解他人，这些孩子输了的时候很难表现得从容得体，或者发脾气耍性子，或者干脆崩溃，看起来好像非常缺乏体育精神。

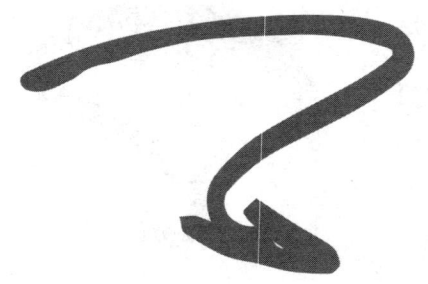

对　策

- 如果孩子选择网球这种需要运动技能的球类运动，那就事先对他进行一些训练，做些准备。

- 很多教练也愿意花时间帮助那些需要额外训练的人。

- 如果孩子在学校或者康复机构接受运动方面的训练或者治疗，那就请专业人士来为他提供有针对性的帮助训练。

- 发现孩子有过度兴奋的苗头，及时通知教练，以便在问题行为出现之前就及时应对，争取消灭在萌芽状态。

- 如果孩子过度兴奋、焦虑或者出现攻击性，那就给他一个冷静缓冲期，帮助他平复下来，这样的话，休息之后他还可以回来继续。

- 对于需要明确提醒和清晰指令的孩子，提前跟他预习运动规则、行为规范。

- 试试用游泳、跑步、徒步、武术等这些单人运动代替团队运动。

- 很多社区有那种治疗性的马术运动，这种运动可以帮助孩子锻炼肌肉力量、平衡能力，提高社会性。

- 如果孩子没有运动天赋，与其强迫他去运动，还不如试试让他参加一些课外小组，比如童子军、乐高俱乐部，机器人、计算机或者科学兴趣小组。

- 找找看能不能参加作业治疗师、言语治疗师和其他专业人士开设的那种社交技能提升活动，这些活动可以帮助孩子学会适当的社交行为，帮助他们更好地参加运动和课外活动。

去医院

说到去医院,即便普通人,不管大人孩子,都难免会有些紧张。不知道将要发生什么,那种感觉对于大多数人来说都不好受,特殊孩子就更是如此。他们会在去医院之前好几天就开始紧张,甚至有些强迫倾向,表现得非常焦虑,无法释怀。还有些孩子干脆就不去医院,家长软硬兼施都没用,孩子就是不买账。还有的孩子貌似有了心理准备,可是结果到了医院,却以大哭大闹告终。大一些的孩子可能会被误解为被惯坏了或者不成熟,但其实医生们并不明白他们是有特殊情况、需要特别帮助的。有些孩子对医院的味道极度敏感,有些孩子害怕头部位置的变化,看牙时需要仰躺在椅子上,这会让他们反应强烈。还有那些洗牙工具发出的声音,对于孩子来说,可能是难以忍受的噪声,会让他们非常痛苦。另外,清洗口腔用的那种啫喱也会令他们很不舒服。

对　策

- 如果孩子有一些强迫倾向，那就不要提前很久跟他谈去医院这件事，谈的时候也不要谈得太多太详细，否则的话，他们就会过于关注这件事。

- 社交故事对于有些孩子是有帮助的。

- 在家和兄弟姐妹演练一下，像游戏那样，可以消除神秘感。可以先让孩子扮演医生，洗牙、听诊、检查耳朵等，然后再让他们扮演病人。

- 跟医生商量一下看能不能把孩子安排在第一个或者最后一个，这样的话等待的时候就不会太嘈杂。

- 就医之前跟医生事先报备，告诉他们孩子的特殊情况以及困难，这样的话，医生可以做到心中有数，知道该怎么帮助孩子，不过注意不要让孩子听见。

- 看牙之前，最好能跟医生要来不同种类、不同味道的洗牙啫喱小样。这样就可以发现孩子比较能够接受哪一种味道，而且有足够的时间让他去适应这种味道。

- 洗牙的时候请护士边洗边数，语调要平静、镇定、节奏感强。对于焦虑的孩子来说，数数会让他觉得事情可控、可预测，也能帮助他理解什么时候能够完成。

- 检查期间，请医生允许孩子坐直身体、不躺下，或者躺在你的腿上也可以。

- 请诊室里的人最好不要好多人一起讲话，一次一个人讲，语调要平静而坚定，如果很多人七嘴八舌地一起来帮助孩子，反倒会让他感觉超负荷，适得其反。

- 如果孩子有比较信赖的治疗师、哥哥、姐姐或者老师，可以请他们一起陪他去医院以便安抚他。因为有些时候家长自己会比较情绪化，不经意间就影响了孩子。

第五部分

亲朋好友

不管孩子有哪方面的问题,无论是身体的、情绪的、发育的,还是行为方面的,专业的干预和治疗都应该是全方位的,所有的作业治疗师和专业人士都非常强调孩子生活环境的重要性。

当然,作为特殊孩子的家长、养育者、兄弟、姐妹、朋友,时时刻刻都要对这个孩子不可预测的状况做出反应、做出调整,所以可能每天都会觉得紧张、疲惫甚至焦虑,有人甚至用"家庭人质"这个词描述这种状况,由此不难想见特殊孩子给整个家庭带来的困扰。比如,对于有感官问题或者有注意力缺陷多动障碍、孤独症谱系障碍的孩子来说,要参加个生日晚会或者找个玩伴是很难的,甚至家庭聚会的时候他们都没办法一直保持安静，所以，在孩子缺乏自我控制能力或者有感觉调节障碍、理解不了指令、参加不了集体活动、家庭聚会的时候，受影响的并不只是孩子，而是整个家庭。

孩子在商店或者圣诞聚会时忽然崩溃，家长会觉得尴尬，在公共场合或者其他家庭成员面前抬不起头。家长可能遭遇很严重的经济困难或者情绪困扰，无法保证孩子在学校、家里和社区能够接受到适当的支持和服务。兄弟姐妹可能会觉得被冷落，因为这个特殊孩子需要父母更多的时间照顾。有些兄弟姐妹看到父母的困境，觉得自己有义务帮助父母减轻负担，于是渐渐地习惯了为这个特殊的孩子放弃自己的需要，还有一些兄弟姐妹可能会故意做一些出格的事来吸引父母的注意力。家里的长辈或者其他成员可能不会充分理解这个孩子的特殊需要，也不懂孩子的问题行为究竟从何而来，可能会避免接触这个孩子，或者对家长提出一些所谓的育儿建议。

其实，特殊孩子身边所有的人都需要学习，需要用知识来武装自己，以便与他一起生活和相处得更融洽，同时帮助他快乐地成长为家庭的一员。

家庭聚会

家庭聚会总是令人充满期待的,但是,如果家里有这么一个孩子,在房间里四处乱蹿、横冲直撞,到处都弄得乱糟糟,还时不时地对兄弟姐妹和小朋友推推搡搡,就会破坏整个聚会气氛。家里人会一直担心这个孩子会不会闯祸,所以神经就一直紧绷,无法放松,所有人都一直处于"战备状态",等着不知道什么时候就会突如其来的全线崩溃。

感觉过敏或者是社交回避的孩子,要么逃避家庭聚会这种场合,要么就是去了也会躲起来看书。碰到这样情况,大家可能会认为家长太惯着孩子,放任他们不懂规矩或者畏畏缩缩。孤独症谱系障碍孩子因为刻板,可能会打乱计划好的活动,其他家庭成员因为不了解、不理解孤独症人士的特点,可能会不耐烦或者直接表示不满。

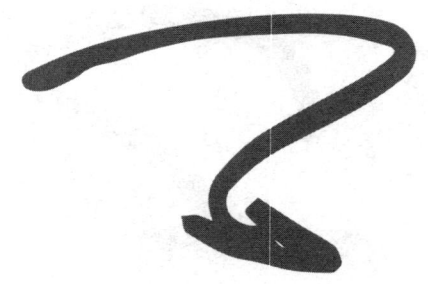

对 策

- 在聚会之前，可以做一些能够锻炼躯干四肢大肌肉的那种"高强度"体育锻炼活动。这种活动可以减少寻求感官刺激的状况，对感知觉过敏的孩子，还可以帮助缓解焦虑。

- 尽量赶在其他人之前到场，这样可以避免过多听觉刺激。

- 注意观察孩子，如果有过度兴奋的迹象，就要及时带他离场缓一下，出去走走或者找个安静房间看会儿电视、听听音乐、玩玩积木、看看书。

- 从家里带点孩子喜欢的东西给他吃，如果他不用担心吃不喜欢吃的东西，就会比较容易在桌子旁安静地坐下来。

- 对孩子的期望要合理，不要待太长时间，趁孩子状态还好的时候，见好就收，这样的话，大家对下次聚会还有所期盼。

- 如果可能的话，在聚会之前，和亲朋好友打个招呼，告诉他们你的孩子有些特殊情况，希望得到他们的理解和支持。

节假日

新年和国庆这样的节日虽然令人兴奋,但同时也令人头疼,因为通常在这些节日里,日常的生活起居规律会有一些改变。

孩子们放假了,作息时间不必那么严格遵守,用餐时间和三餐食物可能都会有些变化。假期中间,生活没有规律,可能会让特殊孩子产生无序感。家里很多人来访,听觉和视觉超负荷对于孩子来说会比较难以忍受,他们可能会表现出过度兴奋、有攻击性、紧张焦虑、害怕回避,或者极度刻板,控制欲极强。

节日餐桌上如果有以前没吃过的、闻起来和吃起来都太不熟悉的东西,他们可能会吐出来,或者恶声恶气地说不好吃,或者干脆离开餐桌。一些节日礼物的包装纸看上去闪闪发亮,拆开来窸窣作响,对于感觉超负荷的孩子来说非常难以忍受，但对于寻求感官刺激的孩子来说，就是很好玩的东西，他们可能会把这些包装纸扔来扔去、撕开来、踩上去、搓皱、揉碎。这样发展下去，感觉超负荷的孩子越来越退缩，寻求感官刺激的孩子越来越能折腾，最后就会大发脾气，哭闹不止，或者干脆躲到角落里。除了视觉、听觉的困难，某些新衣服的味道或者触感也可能让孩子崩溃。还有节假日里吃的东西平时可能不常吃。如果亲戚准备了某种特殊菜式，孩子可能会拒绝尝试，或者吐出来，或者非常没有礼貌地说"难吃死了"这样的话，这些行为对别人来说都是粗鲁无礼的。

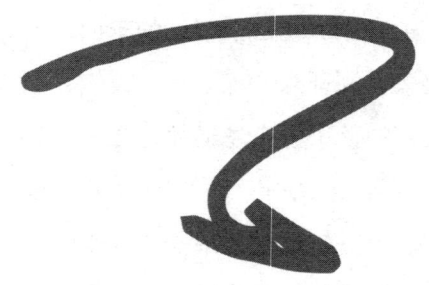

对　策

◆ 家长们要知道自己的"雷区"在哪里，要应对孩子的行为，家长自己首先需要冷静淡定。

◆ 当孩子出现问题的时候，要知道谁状态最好、最适合为孩子提供帮助和支持，如果觉得自己太累，难以保持平静耐心的时候，就要适当停下来给自己一个喘息的机会。

◆ 不要总在孩子周围贴身监视，这样会把你的焦虑传给孩子，最好与孩子保持适当距离，注意保持警觉就好。

◆ 事先做个彩排，比如在家里做个新年或国庆节预演，让孩子对将要发生的事情有些心理准备，这对孩子会有所帮助。

◆ 不要强迫孩子穿不舒服的衣服，如果他穿的衣服能让他比较熟悉而且舒服，他就会更愿意参与活动。

- 如果要照全家福不得不穿新衣服的话，那就提前多洗几遍，或者带他去买，让他自己试穿，买到让他感觉最舒适的衣服。

- 在聚会期间，允许孩子躲开人群，找一个安静的角落，自己待一会儿。这样他可以有机会得到缓解。不要强求他在很热闹、很嘈杂的地方停留太久。

- 必要的时候可以戴上耳机或者耳塞来隔离噪声。

- 就餐的时候，尽量不要安排他坐在别人中间，最好坐在餐桌最边上，这样的话，可以避免别人不小心碰到他。

- 请孩子帮忙布置餐桌，收拾碗筷，或者把包装纸扔到垃圾桶，总之就是给他们一些封闭式的工作，让他们有事可干。

度 假

去海边、去爬山、去迪斯尼,或者去外地串亲戚,都是很开心的事情。住酒店、下饭馆、参观博物馆、下海游泳或潜水,所有这些都会给家庭留下美好的回忆。

不幸的是,对于养育特殊孩子的家庭,这些事情并不总是愉快的。迪斯尼这样的地方刺激太多,可能会让孩子完全不知所措。他可能不喜欢脚上有沙子的感觉,换地方睡觉也会睡不着,周围人很多的时候没有安全感,甚至有走散迷路的危险。对他们来说,排长队等待更是几乎不可能的事情。在餐馆就餐,孩子可以选择的东西也有限。他在外面可能会跑来跑去、大声喧哗、大发脾气,或者喜欢坐车就一直坐个没完,或者赖在地上不肯起来。在度假的时候,这种表现比平时要多很多。

对　策

- 去迪斯尼这样的地方，可以利用特别通行证避开排队等待，或者找找看有没有为特殊孩子量身定制的包团游。

- 带孩子旅行之前，上网找找那个地方的风景或者酒店图片，这样他可以提前对要去的地方有个大致印象。

- 在家庭日历上标出要出发的时间，定期提醒孩子看看出发时间。

- 做个旅行计划表，尽量把每一天的行程都写出来，然后每天都跟孩子讨论一下。

- 每天的行程不要安排太满，要留出足够的休整时间。

- 给孩子带上家里的寝具，如果在陌生环境里有熟悉的东西陪伴，他会感觉比较安心。

- 带个小风扇，这样在宾馆房间里也可以模拟白噪音，让孩子放松安眠。

- 如果宾馆房间没有遮光窗帘，那就试试用毛毯或者毛巾什么的挡住窗户，尽量把噪声和光线的干扰降到最低。

旅 途

家长们经常会提到孩子坐车时候的种种状况：坐不住，吵不停，解开安全带，打开车门锁，不停地开关车窗，和车上的兄弟姐妹吵嘴打架。如果走的不是平时常走的路，或者抄了近道，他们可能会大发脾气，甚至会朝开车的人扔东西。

坐飞机旅行也是一样，过安检，排长队，安全意识不足，起飞降落时得关掉电子设备，在座椅上要系好安全带，所有这些对我们这些孩子来说都是有困难的。

孩子要面对生活规律的变化，要经历不熟悉的事情，要理解不熟悉的要求，还要面对感觉超负荷，所有这些都有可能造成问题行为，比如大哭大闹，从椅子上跑掉，或者干扰其他乘客。

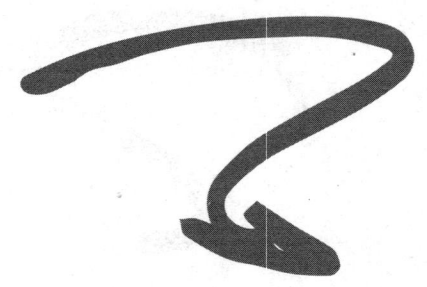

对　策

- 给孩子带个玩具，或者一本书，喜欢听的音乐，电子设备或者小食品，让孩子有事可干。

- 如果是开车旅行，那就每过一个小时停下来休息一下。

- 给车窗和门加装安全锁，或者在车锁、把手和车窗开关处贴上布基胶带。

- 买个安全带锁扣罩。

- 给座椅做个篷或者用薄毛毯做个小帐篷，给孩子一个感觉安全的小空间，同时减少感官刺激。

- 车上如果有其他兄弟姐妹，用大枕头把他们隔开。

- 如果可以，把前后排座位尽量挪开，让后排的孩子远离司机，以免出现干扰司机的情形。

- 用视觉提示或者社交故事帮助孩子熟悉旅行计划。

- 在家里用家具来模拟汽车或者飞机旅行，给孩子演示一下可能碰到的状况，示范什么是得体的行为。

- 过安检的时候给孩子穿一双容易穿脱的便鞋。

- 找个安静的地方候机，告诉工作人员你的名字，以便请他在登机的时候通知你。

- 出发之前可以拨打航空公司电话，看看他们是否允许在起飞降落时使用电子设备。

- 带上孩子喜欢的枕头或者毯子，以备飞行途中使用。

- 如果可以的话，带上安全座椅，这样他在旅行途中能有个熟悉舒服的地方，头也有地方靠着。

宠　物

　　如果孩子有注意力缺陷多动障碍，或者愿意寻求感官刺激，或有感觉迟钝，他们可能手上没有轻重，所以跟宠物玩的时候不知深浅，会使劲压小狗、小猫，揪宠物尾巴，强行抱它们，或者把自己的脸贴着宠物很近。有的孩子因为胆小或者敏感，对宠物的一举一动都感到恐惧，害怕宠物的气味、声音，可能会跑开、尖叫、捂耳朵，或者变得非常焦虑、易激惹。还有些孩子百般请求想要个宠物，也信誓旦旦地承诺要好好照顾它们，可是实际上却没有这个能力，记不住要喂食，要带它们散步，要保持卫生。

对　策

- 在决定养宠物之前，先从朋友或者亲戚那里借一只，养几天试试，看看孩子的反应。

- 先试试比较温顺的宠物，练习如何靠近它们，如何跟宠物相处，适应它们的味道，适应它们的活动。

- 像"轻轻摸"、"温柔点"这些词都太抽象了，孩子可能理解不了，先让孩子在你胳膊上试试，教会他什么力道才合适。

- 在孩子胳膊和头上示范该怎么抚摸宠物，什么样是粗暴的，什么样是温柔的，边示范边问他：可以这样摸狗狗吗？边示范边问，他印象更深。

- 孩子和宠物玩的时候，注意观察他有没有过度兴奋的表现，如果有，让他休息一下。

- 用图表或者清单这种视觉提示，帮助孩子记住照顾宠物有哪些事情要做，时间顺序都是什么，做图表的时候请他一起参与，这样他可以用自己习惯的词来列单子。

- 不要只是口头告诉孩子要做什么，而是问他问题，这样能够帮助他记住，比如可以问：狗狗的碗空了没有？还有食吗？

- 如果孩子触觉敏感或者嗅觉敏感，给宠物喂食或者清理粪便之前，提醒他戴上手套，还可以用鼻夹等东西把鼻子堵住。

兄弟姐妹

  有个特殊的兄弟姐妹,能够帮助普通孩子成长,可能会很有成就感,但同时也有让人困惑、难堪和痛苦的时刻,因为家长总是要把更多的时间花在照顾特殊孩子身上,所以其他孩子可能会感到被忽视。还有些孩子可能自己就认同要照顾这个特殊孩子,承担了家长的角色,尽管父母可能并没想要让他们这样做。有的时候,孩子可能通过出格行为或者不当举止来获取父母注意。有些孩子不愿意邀请朋友来家里玩,因为他们想要保护自己的家人,不希望他们成为别人注视或者议论的焦点,也有可能他们会因为特殊孩子的奇怪举止而感到尴尬。

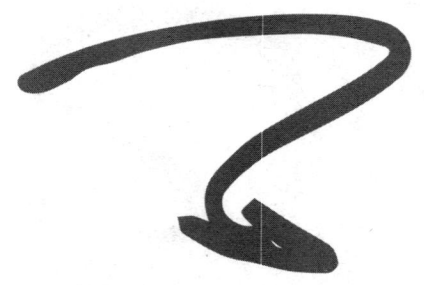

对　策

- 用孩子们这个年龄段能听懂的话解释特殊孩子的状况，对孩子们坦承这个孩子的困难，以减少他们的不安。

- 要保证有足够的时间陪伴所有的孩子，睡觉前散步一小会儿可能就够了，这个时候你要给他一心一意的陪伴。

- 如果可能的话，为其他孩子和你自己都找个后援团。

- 孩子感到难堪的时候，要和他共情，要记住有这种感觉很正常、很自然，也有办法解决。

- 让作业治疗师或者其他治疗师时不时地邀请其他孩子参与治疗过程，毕竟平时大部分时间里，他们只能坐在旁边看热闹。

◆ 制订一个在外过夜计划,让孩子明白,如果他愿意和朋友们交往,你很乐意提供方便,不一定要在所有活动中都带上特殊孩子。

◆ 帮助孩子想好该怎么回应朋友们的好奇心,可以这样说:我弟弟有孤独症,所以他不是很喜欢跟很多人在一起,但是他对我不一样。

小伙伴

特殊孩子家长有很多诉求：融合教育、医疗康复、生活自理能力和其他健康营养相关问题。除了这些，家长们还希望孩子快乐幸福，交到朋友。有些孩子不太喜欢社交圈子太大，还有些孩子很渴望交友，但是因为能力不足，没办法获得和维系友情。对于幼儿园和小学的孩子来说，邀请小伙伴来家里玩是很常见的，但是对于有注意障碍、注意力缺陷多动障碍、感知觉异常或者孤独症谱系障碍的孩子来说，就没那么容易了。他们可能滔滔不绝地和别人说个没完，或者一直玩自己喜欢的电子游戏，没有运动细胞，动作协调性差，社交能力也不足，玩着玩着就过度兴奋，或者干脆对小伙伴不闻不问。

对 策

- 最开始的时候,可以在家里或者家附近玩,要有孩子喜欢的活动项目,时间不用太长,两三个小时即可,等孩子状态比较好、自信心比较足以后再慢慢延长时间。

- 如果孩子不会主动找别人玩,那就试试看让兄弟姐妹帮个忙,或者等别人玩起来以后加入,之后家长再慢慢退出。

- 对于大一点的孩子,不要老是贴身监视,离远点看着,注意一下孩子有没有过度兴奋的苗头就可以了。一旦发现苗头,就要马上介入,不要等到不可收拾。

- 如果孩子对玩游戏很上瘾,而且还输不起,输了就会大闹脾气的话,那最好在小伙伴来之前就选点别的活动,不要玩游戏。

- 如果您是一位擅长社交的家长，那您应该明白，孩子的需求和父母的可以不一样，孩子不一定要像父母那样热衷社交。对于有些孩子来说，在学校里待了一整天，周围都是人，这已经让他们够累的了，所以在家里他们需要独处的时间来放松休整。

- 社交活动最好安排在周末，而不是平时。

- 向孩子的作业治疗师、言语治疗师或者其他专业人士寻求帮助，有针对性地训练他的社交技巧，以便他在与同伴交往时厘清状况，之后可以在社区环境或者家庭环境中得以泛化。

附录 A　安抚和唤醒活动

此类活动应该有以下特点：

1. 在家在校都可以进行。

2. 经济实惠。

3. 活动材料方便获取。

4. 单人团体都可以进行。

5. 以娱乐性为主，能够吸引孩子。

注意：活动开始前，要和孩子一起复习以下规则：

1. 控制自己的身体。

2. 如果有人说"停"，就要马上停下来。

3. 柔声细语，这样才可以集中精神注意到自己身体发出的信号。

4. 一定记住要深呼吸。

5. 开心玩。

球类游戏

- 推小推车游戏，孩子需要辅助的时候可以辅助。

- 辅助孩子跳到球上。

- 四肢伸展保持平衡，在大人辅助下，跪下或者站起。

- 把球举过头顶扔出去，或者传给小伙伴。

- "推推推"游戏，用胳膊或者腿把球推着抵住治疗师或者小伙伴。

- 躺在地板上，把球蹬起来。

超人游戏

让孩子趴在地上，胳膊和腿都抬起来离地，保持这个姿势，越久越好，然后"飞"起来。

小球游戏

让孩子仰躺，把腿蜷起来，膝盖尽量贴近头部，不要用手把着腿，蜷得越小越好，保持这个姿势，像球一样滚来滚去。

举椅子游戏

让孩子坐在硬座椅子上，后背挺直，手放下，放在大腿两侧，大拇指朝前，胳膊用力撑起，使屁股离开座椅，保持这个姿势，越久越好。

桑普森游戏

让孩子站在空白墙前面，面朝墙，退后 1.5 米左右，把手抵在墙上，与肩同高，手抵住墙，脚不动，腿和上身向墙倾斜，身体要直，背部挺直，做俯卧撑动作，就好像要把墙推倒一样。

流沙游戏

让孩子跪在地上，膝盖和两脚着地，握住孩子的脚踝，让他朝着前方"陆地"上爬，你在后面拽住他的脚踝往后拉，他为了往前爬，就得调动浑身的肌肉力量。

引体向上

在体育用品商店买个可调节的单杠，安在卧室或者教室走廊里，方便孩子做引体向上。

层层叠游戏

几个人一个压一个,层层叠,压在最底下的要努力爬出来,大家轮流来。

"甩下来"游戏

一个人趴在地上,另一个人趴他身上,趴在地上的要努力跪爬起来,把上面的人甩下去。

枕头和豆袋椅

让孩子趴在地上,把枕头堆在他身上,堆得越多越好,有节奏地压枕头,每分钟 70 下左右,跟心跳速度差不多。

拥抱挤压游戏

使劲拥抱孩子,箍住他的胳膊和身体,劲道要长而均匀。

椅子车游戏

一个人坐在椅子上,让孩子站在椅子后面,往前推椅子,开"椅子车"。

藏猫猫

给孩子一个安静的不被打扰的空间，比如小帐篷里、衣柜里或者床底下。

深呼吸

教孩子用鼻子吸气，再用嘴呼气，让他听得到呼出的声音。

瑜伽

做瑜伽可以帮助孩子了解自己的身体，安静内省。

清理环境

清理杂物，尽量减少环境中的视觉、听觉、嗅觉和触觉刺激。

重复性封闭式任务

给孩子布置排序、分类、计数这种有明确起止点的任务，这种任务可以帮助孩子安静下来。

附录 B　逆向串链训练穿衣示例

一般来说，孩子学习穿衣时家长都是这么做的：先让孩子自己穿，穿不好或者有困难的时候，家长帮忙完成。

逆向串链训练法主张在任务开始而不是完成时提供辅助。这种训练方法，可以让孩子感觉是他们自己完成了这个任务，而不是父母，所以他们会比较有成就感，再练习的时候会更愿意尝试。另外，这种训练方法还有助于减少挫败感，帮助孩子坚持下去，增加自信。

逆向串链训练穿裤子示例

第一轮——全程辅助

1. 让孩子坐下，帮他把腿放到裤腿里，脚露出来以后，把两只裤腿提上去。

2. 边做边说：一只脚出来，两只脚出来，站起来，提上去，这样可以帮助孩子厘清程序步骤。

3. 孩子站起来之后，把他的手放在裤子外，你的手放在裤子里，帮他把裤子提到腰部。

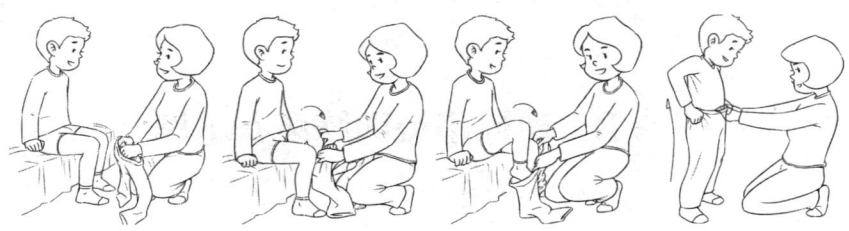

第二轮——让孩子独立完成最后一步

1. 让孩子坐下，帮他把腿放到裤腿里，脚露出来以后，把两只裤腿提上去。

2. 边做边说：一只脚出来，两只脚出来，站起来，提上去，这样可以帮助孩子厘清程序步骤。

3. 孩子站起来之后，把他的手放在裤子外，你的手放在裤子里，帮他把裤子提到臀部。

4. 让他自己把裤子从臀部提到腰部。

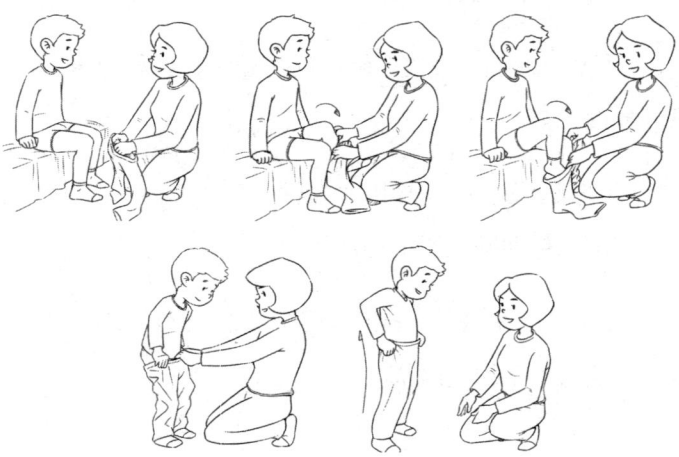

第三轮——继续减少辅助

1. 让孩子坐下，帮他把腿放到裤腿里，脚露出来以后，把两只裤腿提上去。

2. 边做边说：一只脚出来，两只脚出来，站起来，提上去，这样可以帮助孩子厘清程序步骤。

3. 孩子站起来之后，把他的手放在裤子外，你的手放在裤子里，帮他把裤子提到大腿处。

4. 让他自己把裤子从大腿处提到腰部。

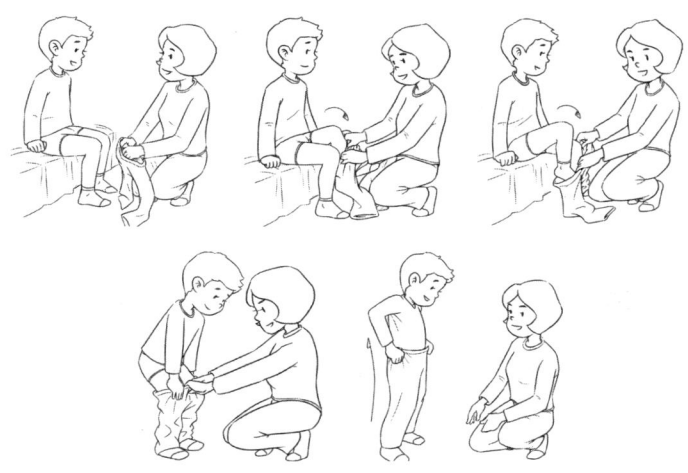

第四轮——再减一步

1. 让孩子坐下，帮他把腿放到裤腿里，脚露出来以后，把两只裤腿提上去。

2. 边做边说：一只脚出来，两只脚出来，站起来，提上去，这样可以帮助孩子厘清程序步骤。

3. 孩子站起来之后，把他的手放在裤子外，你的手放在裤子里，帮他把裤子提到膝盖下方。

4. 让他自己把裤子从膝盖下方提到腰部。

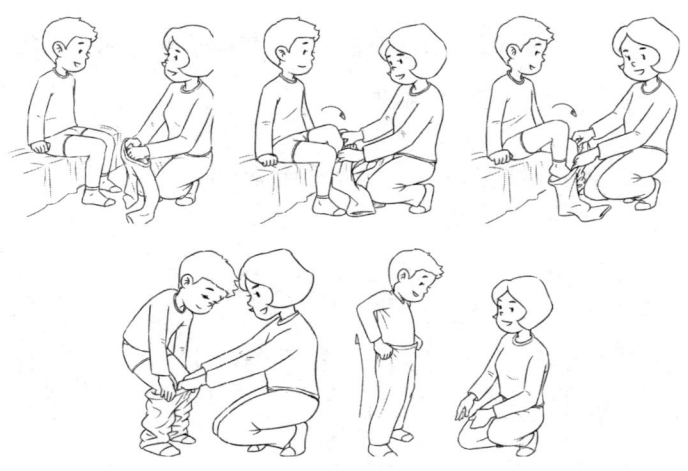

第五轮

1. 让孩子坐下，帮他把腿放到裤腿里，脚露出来以后，把两只裤腿提上去。

2. 边做边说：一只脚出来，两只脚出来，站起来，提上去，这样可以帮助孩子厘清程序步骤。

3. 孩子站起来之后，把他的手放在裤子外，你的手放在裤子里，帮他把裤子整理到脚面以上即可。

4. 让他自己把裤子提到腰部。

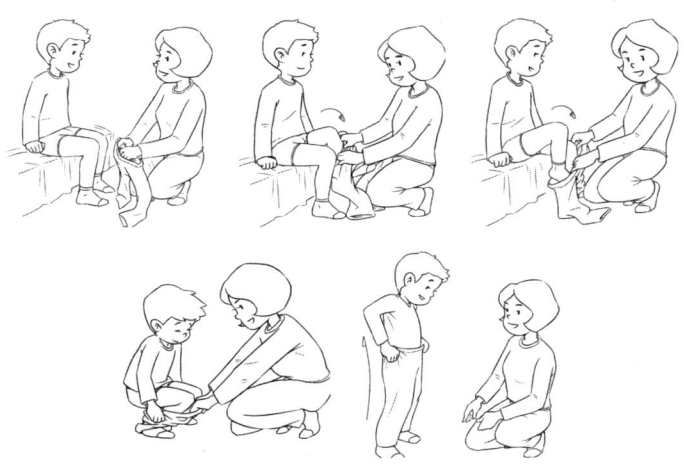

最后一轮

仅口头提示步骤。

附录 C　早上起床视觉提示示例

这是一份早上起床的视觉提示示例，孩子根据这个提示可以做好准备，开始一天的生活。

	去卫生间	叠被	穿衣服	吃早餐	刷牙
星期日					
星期一					
星期二					
星期三					
星期四					
星期五					
星期六					

注意：如果图片中能用孩子的真实物品和他本人完成任务的照片，效果会更好。

附录 D 晚上睡觉视觉提示示例

孩子可以根据这个提示完成睡前准备。

	收玩具
	洗澡
	换上睡衣
	刷牙
	喝水

续表

	去卫生间
	读书
	睡觉

注意：如果图片中能用孩子的真实物品和他本人完成任务的照片，效果会更好。

附录 E　精细动作训练趣味游戏

这些活动可以训练孩子手部抓握能力和手指分离技巧，帮助孩子提高生活自理能力和写字能力，还可以增强手部肌肉力量。

吃爆米花或者棉花糖的时候可以尝试用镊子。

用滴液管或者喂药器把液体从一个地方运到另一个地方（那种发泡纸做的鸡蛋托很适合用来做这个游戏）。

用黄油桶做个存钱罐，在上面剪出一个窄窄的投币口，让孩子把钱塞进去，投币口要做得窄一点，要用点力才能把钱塞进去。

用硬币玩个"藏猫猫"游戏：在桌子上放两到六个硬币，让孩子一次抓起一个，最后都抓起来，存在手里。然后，让他往存钱罐里投币，一次投一个，注意不要掉下来。

"弹球"游戏：在桌上放点小东西，让孩子用大拇指和食指配合来弹这些小东西。

让孩子翻扑克牌，配对或者分类。

给孩子身上贴上贴纸，让他用大拇指和食指拿下来，逐渐提高难度，比如让他闭着眼睛拿下来。

把东西藏他衣服里，让他摸出来，不能看。

找个大一点、厚一点的硬纸板盒子，或者圆的塑料盖子，让孩子在纸板或者塑料壁上反复练习夹夹子，跟前面提到的"黄油桶"游戏一样，也可以帮助孩子练习捏取动作。想更好玩的话，也可以让孩子往自己衣服上或者家长衣服上夹夹子。

拔河、钓鱼：钓鱼游戏中，让孩子抓住绳子的一头，大人使劲把他往"岸上"拉，这个游戏可以练习抓握能力。

让孩子用两手包住骰子来回晃，闭上眼睛，看看能不能听到骰子的声音。

还有一些买来的游戏玩具，比如"打冰块"、"奥利奥饼干"、乐高积木、木工组合玩具等，都很有趣，也很有帮助。

让孩子帮忙拎东西。

请孩子帮忙清理镜子，或者他在浴缸里玩的时候，给他用那种挤压瓶。

鼓励孩子锻炼和提高生活自理能力，比如开瓶子、拧盖子、穿衣服等。

术语表

ADHD：注意力缺陷多动障碍

ASD：孤独症谱系障碍

感觉调节障碍：

- 对身体和外界感觉输入的反应失调
- 不可预测的反应
- 反应太慢或者太快，感官系统状态不稳

感觉过敏：

- 对感觉信息的过度、放大反应
- 多系统过敏
- 对噪声、触摸、运动、光线、气味等的过激反应

感觉加工障碍：

- 对身体和外界感觉输入的不适应反应
- 对感觉信息处理困难，从而影响运动功能、情绪状态和注意力

寻求感官刺激：

- 非常需要通过运动、触摸、声音、气味所带来的感官刺激
- 寻求感官刺激会让孩子更加混乱

感觉迟钝：

- 对外界刺激感觉迟钝
- 对感觉输入反应缓慢
- 对触摸、声音、运动、视觉信息的反应比同龄人迟钝

作者简介

贝丝·奥纳（Beth Aune, OTR/L）注册作业治疗师，是美国加利福尼亚棕榈沙漠市（Palm Desert）沙之洲儿童治疗中心（Desert Occupational Teherapy for Kids）负责人。

贝丝热爱自己的职业，有强烈的职业使命感，她和她的团队一直致力于帮助特殊孩子发掘他们的潜能，提高日常生活自理能力，同时非常重视帮助孩子发展与父母、养育者和老师之间的关系。

贝丝和她的团队以专业的知识、负责的态度，为孤独症谱系障碍、感觉加工障碍、发育迟缓、喂养障碍、唐氏综合征、脑瘫等确诊及疑似儿童提供评估和康复治疗服务，该治疗中心还可以为儿童提供家庭康复治疗和入校教育支援服务。

贝丝还与他人合著了《融合教室问题行为解决手册》和《融合学校问题行为解决手册》两本书。她在美国各地都进行过演讲，为教师和家长提供了实用的解决方案，帮助他们理解孩子们的感觉加工障碍，面对学校和家庭面临的挑战。